CONDAMNATION

DE

PLUSIEURS LIVRES

CONTRE

LA RELIGION.

TEL eſt le rapport admirable établi par la Providence, entre la Religion & la Société, que le bonheur des Etats dépend néceſſairement de l'obſervation des Loix divines : l'eſprit de ſubordination & d'obéiſſance qui fait les enfants de Dieu, fait auſſi les Sujets fideles, & la même liberté de penſer, qui enfante les ſyſtêmes irréligieux, ébranle les fondements du Trône & de l'autorité.

L'Hiſtoire de tous les ſiecles dépoſe en faveur de cette vérité, & le nôtre n'en fait tous les jours qu'une trop funeſte expérience. Le même eſprit qui a oſé interroger le Ciel, & lui demander compte de ſes voies, de ſes Jugemens & de ſes Oracles, a bientôt interrogé les Maîtres de la Terre, ſoumis à l'examen les titres de leur pouvoir, diſcuté leurs droits & les principes de l'obéiſſance qui leur eſt due.

Une multitude d'Ecrivains téméraires (1) ont foulé aux pieds les Loix divines & humaines; les vérités les plus ſaintes ont été obſcurcies, & les principes de la Monarchie ébranlés; rien n'a été reſpecté, ni dans l'ordre civil, ni dans l'ordre ſpirituel; les

______

(1) *Subintroierunt . . . . quidam homines (qui olim præſcripti ſunt in hoc judicium) impii, Dei noſtri gratiam transferentes in luxuriam & ſolum dominatorem & Dominum noſtrum Jeſum Chriſtum negantes.* Epiſt. S. Jud. c. 1, v. 4.

Hi carnem quidem maculant, dominationem autem ſpernunt, majeſtatem autem blaſphemant. Ibidem, v. 8.

Hi autem quacumque quidem ignorant blaſphemant. Ibidem, v. 10.

Evanuerunt in cogitationibus ſuis & obſcuratum eſt, inſipiens cor eorum, Ad Roman. cap. 1.

faits les plus authentiques ont été ré-
voqués en doute ; les Inſtitutions les
plus ſages décréditées, les maximes
les plus pures combattues : on a prétendu ne voir par-tout que des maux
à réparer, des changements à faire,
des abus à réformer. On a oſé envier
au Peuple, cette religieuſe ſimplicité
qui aſſuroit ſa foi & ſon bonheur ;
en feignant de l'éclairer, on a cher-
ché à le ſéduire ; on a altéré ſa tran-
quillité en flattant ſes paſſions, &
ſous le vain prétexte de détruire ſes
préjugés. On s'eſt efforcé d'effacer de
ſon eſprit toute impreſſion de Religion, de piété, de crainte & d'amour
pour ſon Dieu, de confiance & de
ſoumiſſion pour ſes Paſteurs, de reſ-
pect, de fidélité & d'obéiſſance pour
ſon Souverain ; en un mot, tout ſen-
timent honnête & vertueux.

Au milieu de cette multitude d'ennemis, la Cité ſainte n'a point man-
qué de défenſeurs. Des Evêques ont
prémuni les Peuples, par des Inſ-
tructions ſalutaires contre la ſéduc-

tion qui les menaçoit. Des Théologiens habiles ont confondu, dans leurs Ouvrages, les fophifmes de l'impiété & de l'indépendance; la Faculté de Théologie de Paris a flétri par une Cenfure détaillée, quelques-unes de ces productions impies; les droits du Sanctuaire & ceux du Trône ont été vengés : le mal n'eft donc pas fans remede; mais il eft affez preffant pour allarmer les deux Puiffances; & on ne peut fe diffimuler que les maximes anciennes s'affoibliffent; que les liens de l'obéiffance fe relâchent; que la Majefté de l'Etre fuprême & celle des Rois font outragées; que le zele religieux & celui de la Patrie s'éteignent prefque dans tous les cœurs, & que dans l'ordre de la foi, dans celui des mœurs, dans l'ordre même de l'Etat, l'efprit du fiecle femble le menacer d'une révolution qui annonce de toutes parts une ruine & une deftruction totale.

C'eft donc comme Pafteurs &

comme Citoyens, comme Evêques de l'Eglise de Dieu, & comme Membres d'un Etat dont nous avons l'honneur de former le premier ordre, que nous nous croyons obligés d'élever la voix contre cette multitude d'Ouvrages impies, qu'on ne craint pas de répandre publiquement depuis quelques années, & nous ne croirions pas moins manquer au serment que nous avons fait entre les mains de notre Souverain, qu'à celui que nous avons prononcé aux pieds des Autels, si nous n'employions pas tous les moyens qui sont en notre pouvoir, pour nous opposer à ces productions criminelles, & aux malheurs qu'elles nous annoncent.

Mais considérant que, parmi tant d'Ouvrages enfantés par l'esprit de mensonge, il y en a plusieurs qui produisent des effets plus funestes, soit parce que le charme de la nouveauté, ou la séduction du style, ou la triste célébrité de leurs Auteurs leur ont donné plus d'éclat, soit parce qu'ils renferment des principes plus pervers & des traits d'une impiété plus ſcandaleuſe, & qu'ils ſont par-là même dignes d'une flétriſſure particuliere.

Conſidérant de plus que ces Ouvrages ne contiennent pas ſeulement des propoſitions condamnables, mais que le fond en eſt mauvais, & qu'ils n'ont pour objet, dans toutes leurs parties, que d'attaquer la Religion Chrétienne, les principes des mœurs & ceux qui ſervent de fondement à la conſtitution des Etats.

Nous Archevêques & Evêques députés du Clérgé de France, & aſſemblés à Paris dans le Couvent des Grands-Auguſtins, inſtruits & animés par les exemples des hommes reſpectables qui nous ont précédés dans l'Epiſcopat, après un mûr examen, & le ſaint nom de Dieu invoqué, nous avons condamné & condamnons tous les Ouvrages qui ont été faits dans ces derniers temps contre la Religion Chrétienne, la regle des mœurs, les principes de l'obéiſſance qui eſt due au Souverain, & en particulier les Livres intitulés, L'Analyse de Baile, le Livre de l'Esprit, le Dictionnaire Encyclopédique, Émile, et les Ouvrages faits pour sa défense, le Contrat Social, les Lettres de la Montagne, l'Essai sur l'Histoire générale, le Dictionnaire Philosophique, la Philosophie de l'Histoire, le Despotisme Oriental . . . . . . comme contenant des principes reſpectivement faux, injurieux à Dieu & à ſes auguſtes attributs, favoriſant l'Athéiſme, pleins du poiſon du Matérialiſme, anéantiſſant la regle des mœurs, introduiſant la confuſion des vices & des vertus capables d'altérer la paix des familles, d'éteindre les ſentimens qui les uniſſent, autoriſant toutes les paſſions & les déſordres de toute eſpece, deſtructifs de la révélation, tendant à inſpirer du mépris pour les Livres ſaints, à renverſer leur autorité, à dépouiller l'Egliſe du pouvoir qu'elle a reçu de Jesus-Chrift, & à décrier fes Miniftres, propres à révolter les Sujets contre leur Souverain, à fomenter les fédi-tions & les troubles, fcandaleux, té-méraires, impies, blafphématoires, & auffi offenfans pour la Majefté divine, que nuifibles au bien des Empires & des Sociétés.

Et en conféquence nous défendons, fous les peines de droit, à tous les Fideles confiés à nos foins, de lire, ou de retenir lefdits Livres & autres de cette nature, les exhortant à fe fouvenir que cette défenfe eft moins une précaution falutaire, qu'un avertiffement néceffaire fur un devoir effentiel de leur vocation; que celui qui aime le péril périra; & que c'eft déja fe rendre coupable de péché, que de fe permettre même, par un fimple motif de curiofité, les lectures capables d'éteindre la foi, de corrompre les mœurs & d'altérer la tranquillité de l'Etat.

EXPOSITION
SUR LES DROITS
DE LA
PUISSANCE SPIRITUELLE.

NOus Archevêques, Evêques & autres Eccléfiaftiques députés à l'Affemblée-Générale du Clergé de France, qui fe tient actuellement à Paris, confidérant que les ennemis de la vérité n'ont rien omis dans ces derniers temps, pour femer le trouble & la divifion entre les deux Puiffances; qu'ils ont efpéré, en élevant un mur de féparation entre le Sacerdoce & l'Empire, fe fouftraire aux jugements de l'Eglife, & affoiblir fon autorité dans l'efprit des peuples; voulant prévenir, autant qu'il eft en notre pouvoir, les funeftes effets de l'erreur, confondre fes reproches injuftes, & nous conformer au vœu de

A 6

l'Eglife de France, configné dans les Procès-verbaux des Affemblées Générales & Provinciales, & à l'exemple de nos Prédéceffeurs, (1) qui, dans des temps difficiles, n'ont pas héfité d'expofer clairement leur Doctrine fur les points qui étoient attaqués.

Nous avons jugé néceffaire, pour l'intérêt de la Religion, pour celui même de l'Etat, que nous ne perdrons jamais de vue, d'expofer publiquement notre Doctrine fur les droits que l'Eglife a reçus de J. C. & fur l'indépendance de la Puiffance fpirituelle.

Et en expofant ainfi nos fentiments, nous fommes bien éloignés de vouloir porter la plus légere atteinte à l'autorité des Rois, ou aux Coutumes Religieufes du Royaume : (2) il n'eft pas venu en notre

(1) Sentiments de l'Affemblée de 1655. Déclaration de 1682. Explication de 1685. Expofition de la Doctrine Catholique, par M. Boffuet. Cenfure de 1700.

(2) *Quæ omnia non ideo dicimus quafi poteftatem Principum in aliquo imminuendam putemus, vel*

penſée que le bien de l'Egliſe puiſſe être contraire à la proſpérité des Empires. (1)

Nous avons eſpéré que cette expoſition faite dans le même eſprit & d'après les mêmes principes que les réclamations des Aſſemblées de 1760 & de 1762, que nous avons renouvellés & que nous renouvellons, ne ſerviroit qu'à reſſerrer les liens qui doivent unir les deux Puiſſances ; qu'elle ſeroit, pour notre auguſte Monarque, un nouveau gage de cette ſoumiſſion & de cette fidélité dont nous ferons toujours gloire de donner l'exemple ; pour les Paſteurs, une inſtruction ſalutaire ſur l'excellence, l'étendue & les bornes de la Puiſſance ſpirituelle, afin qu'ils ne ſoient pas entraînés par de fauſſes opinions également nuiſibles au ſaint

contra religioſum morem regni aliquid ſentiendam perſuadeamus. Ex Bibliotheca Patrum, tom. 9, pag. 1356.

(1) _Non veniat anima mea in conſilium eorum qui dicunt vel imperio pacem & libertatem Eccleſiarum, vel Eccleſis proſperitatem & exaltationem imperii nocituram._ S. Bernard. Epiſt. 244.

Miniſtere, ſoit qu'elles lui attribuent un pouvoir qu'il n'a pas, ſoit qu'elles cherchent à affoiblir celui qui lui appartient; (1) pour les Magiſtrats, un préſervatif contre les pieges de l'erreur qui cherche à les ſéduire, en leur faiſant *entrevoir un agrandiſſement chimérique dans la ruine d'une Puiſſance ſacrée qu'il eſt impoſſible aux hommes de détruire;* (2) pour les Peuples, *un nouvel avertiſſement de reſpecter l'ordre immuable de la Hiérarchie Eccléſiaſtique, & de conſidérer avec les yeux de la foi, qu'ils ne ſont pas moins intéreſſés que nous-mêmes au maintien ſalutaire de cet ordre divinement établi;* (3) *pour l'Egliſe univerſelle enfin, à qui nous devons compte de nos démarches dans les circonſtances critiques où nous*

(1) *Poteſtas Eccleſiaſtica debet ab Eccleſiaſticis, quid, & qualis, & quanta ſit agnoſci . . . . ut in ſuis terminis honorata ſervetur, ne plus debito falſa eam opiniones vel deprimant, vel exaltent; quoniam primum eſt ſacrilega impietatis, alterum de adulatione peſtifera ſuſpectum eſt.* Gerſon. de poteſt. Eccleſ. in proœmio.
(2) Procès-verbal de l'Aſſemblée de 1760.
(3) *Ibidem.*

nous trouvons (1) , un témoignage conſtant de notre zele & de notre fidélité à conſerver les droits ſacrés de notre Miniſtere, ſans paſſer les anciennes bornes reconnues par nos Peres, d'après la parole de J. C. lui-même. (2)

Deux Puiſſances ſont établies pour gouverner les hommes ; l'autorité ſacrée des Pontifes & celle des Rois (3) : l'une & l'autre viennent de Dieu, de qui émane tout pouvoir bien ordonné ſur la terre (4).

L'établiſſement de ces deux Puiſſances eſt un des plus grands bienfaits de la Providence envers les hommes (5) : l'une a pour objet leur bon-

(1) *Ibidem.*

(2) *Ne tranſgrediaris terminos antiquos quos poſuerunt patres tui.* Proverb. 22, 25.

(3) *Duo quippe ſunt quibus principaliter mundus hic regitur, authoritas ſacra Pontificum & regalis poteſtas.* Gelaſ. Pap. Epiſt. 8, ad Anaſt. Imper. Concil. Labb. tom. 4, pag. 1182. *Sacrarum litterarum monumentis duplicem à Deo inſtitutam eſſe poteſtatem & Juriſdictionem conſtat, ſacularem nimirum & Eccleſiaſticam.* Concil. Burdig. 1583. Concil. Labb. tom. 15, pag. 982.

(4) *Non eſt enim poteſtas niſi à Deo : qua autem ſunt, à Deo ordinata ſunt.* Ad Roman. cap. 13, v. 1.

(5) *Maxima quidem in hominibus ſunt dona Dei*

heur dans la vie préfente ; l'autre le prépare pour l'éternité ; les intérêts du Ciel & ceux de la Terre n'ont pas été réunis dans les mêmes mains (1). Dieu a établi deux Minifteres dif-férents ; l'un pour faire paffer aux Citoyens des jours doux & tranquil-les (2) ; l'autre pour la confommation des Saints, pour former les enfants de Dieu, fes héritiers & les cohéri-tiers de J. C. (3).

La fageffe divine ne pouvant être contraire à elle-même, Dieu n'a pu établir les deux Puiffances pour qu'el-les fuffent oppofées (4) ; il a voulu qu'elles puffent fe foutenir & s'en-

à *fuprema collata clementia, Sacerdotium & Im-perium.* Juftin. in Conftitut. ad Epiph. Patriarch. Novell. 6.

(1) *Amarias autem Sacerdos & Pontifex vefter in his quæ ad Deum pertinent præfidebit porro : Zaba-dias filius Ifmael qui eft dux in domo Judæ, fuper ea opera erit quæ ad Regis officium pertinent.* Parall. 2, 19, v. 11.

(2) *Ut quietam & tranquillam vitam agamus.* Ad Timoth. 1, c. 2, v. 2.

(3) *Si autem filii & hæredes, hæredes quidem Dei, cohæredes autem Chrifti.* Ad Roman. c. 8, v. 17.

(4) *Non enim utriufque inftitutor Deus in deftruc-tionem ea connexuit, fed in ædificationem.* S. Bernard, Epift. 244.

tre-aider réciproquement (1). Leur union est un don du Ciel qui leur donne une nouvelle force (2), & les met à portée de remplir les desseins de Dieu sur les hommes(3):le monde est bien gouverné, lorsque les deux Puissances sont d'accord ; si elles viennent à se désunir, les Institutions les plus sages sont menacées d'une ruine prochaine (4).

Mais cette union réciproque ne peut jamais être un principe de sujétion pour l'une ou l'autre Puissance : chacune est souveraine, indépendante, absolue dans ce qui la con-

(1) *Inter se concordare debent, ut alterutrum sibi ad Dei servitium peragendum, & ministerium suum explendum non solum non noceant, quin potius adminiculo sint.* Conc. Matisc.

(2) *Ad divinam gratiam referendum est, cùm vota Principum concordant animis Sacerdotium.* Concil. Aurelian. V, ann. 549, tom. 1, Concil. Galliæ.

(3) *Duo sunt gladii qui mutuum à se vindicant auxilium, & qui invicem sibi vires impartiuntur alternas Sacerdotium Regibus, & Sacerdotibus regnum.* Petr. Blesens. Epist. 73, edit. Paris. 1519.

(4) *Cùm regnum & Sacerdotium inter se conveniunt, bene regitur mundus, floret & fructificat Ecclesia : cùm vero inter se discordant, non tantum parva res non crescunt, sed etiam magna, res miserabiliter dilabuntur.* Ivo. Carn. Epist. 46, ad Pasch. Summ. Pontific.

cerne (1) ; chacune trouve (2) en elle-même le pouvoir qui convient à son inftitution : elles fe doivent une affiftance mutuelle ; mais par voie de concert & de correfpondance , & non par voie de fubordination & de dépendance.

C'eft en conféquence de ces principes, que le Clergé de France a toujours enfeigné que l'Eglife n'a reçu de Dieu aucun pouvoir que fur les

(1) *Utraque principalis , fuprema utraque neque in Officio fuo alteri obnoxia.* Defenf. Declar. Cleri Gallic. part. 1 , lib. 1 , fect. 2 , cap. 33 , pag. 175 , edit. 1745.

(2) Nous reconnoîtrons toujours la diftinction & l'indépendance des deux Puiffances établies fur la terre pour la conduite des hommes , le Sacerdoce & l'Empire, la Puiffance de la Religion & celle du Gouvernement temporel ; toutes deux immédiatement émanées de Dieu ; elles trouvent chacune en elles-mêmes le pouvoir qui convient à leur inftitution & à leur fin. S'il eft vrai, comme on n'en fauroit douter, qu'elles fe doivent une affiftance mutuelle , c'eft par voie de correfpondance & de concert , & non pas de fubordination & de dépendance. *Requifitoire de M. Gilbert de Voifins , du 13 Novembre* 1730.

On cite ce dernier paffage , non comme une autorité en des chofes fondées fur la parole de Dieu même , mais comme un aveu fait par la Puiffance civile , qui prouve la vérité des principes que nous établiffons. Cette obfervation doit fervir pour tous les paffages de cette efpece , qu'on citera dans le cours de cette Expofition.

choſes ſpirituelles ; que les Rois ne ſont ſoumis à aucune Puiſſance Eccléſiaſtique, par l'ordre de Dieu, dans les choſes temporelles ; qu'ils tiennent leur pouvoir de Dieu même, qui eſt au-deſſus d'eux, mais après lequel ils ſont immédiatement placés (1) ; que leur réſiſter, c'eſt réſiſter à l'ordre de Dieu (2) ; qu'on doit leur obéir, non pas ſeulement par crainte, mais encore par devoir de conſcience (3) ; que le précepte d'être ſoumis aux Puiſſances ſupérieures, regarde non-ſeulement les

(1) *Ecclefia rerum ſpiritualium & ad æternam ſalutem pertinentium, non autem civilium ac temporalium à Deo traditam poteſtatem.* Declar. Cleri Gallic. ann. 1682, lib. 1, cap. 1, pag. 89, tom. I, edit. 1745. *Reges ergo & Principes in temporalibus nulli Ecclefiaſtica poteſtati Dei ordinatione ſubjici.* Ibidem, pag. 90.

Sciunt quis illis dederit imperium . . . . . ſentiunt eum Deum eſſe ſolum in cujus ſolius poteſtate ſunt, à quo ſunt ſecundi, poſt quem primi. Tertull. Apolog. c. 30, pag. 27, edit. 1695. *Colimus Imperatorem ut hominem à Deo ſecundum, & quidquid eſt à Deo conſecutum, & ſolo Deo minorem.* Tertull. lib. ad Scapulam.

(2) *Qui reſiſtit poteſtati, Dei ordinationi reſiſtit.* Ad Rom. 13, 2.

(3) *Non ſolum propter iram, ſed etiam propter conſcientiam.* Ibid. 5.

Laïques, mais tous les hommes sans distinction, fussent-ils Prêtres, Apôtres, ou Evangélistes (1), & que les Ministres de J. C. ne prétendent d'autre prérogative sur cet objet, que celle de pouvoir resserrer par leur enseignement, comme par leur exemple, les liens de fidélité, d'amour & d'obéissance qui unissent les Sujets à leur Souverain.

Cette obéissance ne se borne pas à la personne des Rois ; elle s'étend à leurs Officiers, suivant la portion d'autorité qu'ils ont daigné leur confier ; le tribut, la crainte & l'honneur doivent être accordés à qui ils appartiennent (2) : la soumission est due aux Rois, comme dominant sur tous ; & à leurs Ministres, comme

(1) *Omnis anima potestatibus sublimioribus subdita sit.* Ibid. v. 1. *Et ostendens hoc omnibus imperari Sacerdotibus etiam & Monachis, nec secularibus tantùm, hoc ab exordio declarat, dicens,* Omnis anima potestatibus sublimioribus subdita sit : *etsi Apostolus esses, etsi Evangelista & Propheta, etsi quivis alius.* S. Chrysost. in Epist. ad Rom. Homil. 23, cap. 13, pag. 686, tom. 9, edit. 1731.

(2) *Cui tributum, tributum ; cui vectigal, vectigal ; cui timorem, timorem ; cui honorem, honorem.* Ad Rom. 13, v. 7.

étant envoyés par eux pour protéger le bien & punir le mal (1) ; à tous, à cause de Dieu, parce que tel est l'ordre de la Providence.

L'abus que les Princes peuvent faire de leur puissance, n'est pas une raison de la méconnoître : Jesus-Christ avoit prévu que les Apôtres seroient persécutés, traînés dans les Synagogues & dans les Prisons devant les Rois & les Gouverneurs (2). Le premier remede qu'il leur donne contre la persécution, est de confesser la vérité (3) : le second, c'est la patience : c'est par elle qu'un Chrétien possede son ame (4) : c'est la foi & non la force qui doit triompher de

(1) *Subjecti igitur estote omni humanæ creaturæ propter Deum : sive Regi, quasi præcellenti, sive Ducibus tanquam ab eo missis ad vindictam malefactorum, laudem verò bonorum.* Epist. S. Petri, cap. 2, v. 13, 14.

(2) *Et persequentur tradentes in Synagogas & Custodias, trahentes ad Reges & Præsides propter nomen meum.* Luc. cap. 21, v. 12.

(3) *Continget autem vobis in testimonium.* Ibidem, v. 13.

(4) *In patientia vestra possidebitis animas vestras.* Ibidem, v. 19.

l'univers (1) ; nul prétexte, nulle rai-
son ne peuvent autoriser la révolte : *Le Trône des Rois est placé dans le lieu le plus sûr de tous, & le plus inaccessible, dans la conscience mê-me où Dieu a le sien, & c'est là le fondement le plus assuré de la tran-quillité publique (2).*

Mais si l'administration de l'Etat appartient aux Princes ; si les Minis-tres de Jesus-Christ sont tenus de leur obéir dans l'ordre politique & tem-porel, l'Eglise universelle a toujours enseigné que les Rois sont, de leur côté, tenus d'obéir aux Pontifes dans l'ordre de la Religion (3) ; c'est à eux

----

(1) *Hæc est victoria quæ vincit mundum, fides nostra.* 1 Joan. cap. 5, v. 4.

(2) Sermon sur l'unité de l'Eglise, *par M. Bossuet.*

(3) *Scis, Imperator, sancta Ecclesiæ dogmata non Imperatorum esse, sed Pontificum, quæ tutò debent prædicari : idcirco Ecclesiis præfecti sunt Pontifices, Reipublicæ negotiis abstinentes, ut Imperatores simi-liter à causis Ecclesiasticis abstineant, & quæ sibi com-missa sunt capessant.* Gregor. 2, Epist. ad Leon. ante 7 Synodi acta.

Si enim quantùm ad ordinem pertinet publica dis-ciplina, cognoscentes imperium tibi supernâ disposi-tione collatum, legibus tuis ipsi quoque parent Reli-gionis Antistites quo, (rogo) te decet affectu iis obedi-

feuls qu'appartient le gouvernement de l'Eglife. (1) Quelques talents, quelques connoiffances qu'ait un Laïque, quelque élevé qu'il foit en dignité, il ne peut connoître des chofes fpirituelles (2) : *Par-tout ail-*

re , qui pro erogandis venerabilibus funt attributi myfteriis. Gelaf. Pap. loc. citat. pag. 1182.

Cet Ecrit du Pape Gélafe a été adopté par Louis le Débonnaire, afin, dit M. de Marca , qu'il acquît en France force de loi, *ut vim publicâ legis obtineret.* De Concord. Sacerd. & Imper. prolog. p. 59.

(1) *Tibi Deus imperium commifit nobis qua Ecclefia funt credidit, & quemadmodum qui tuum imperium malignis oculis carpit , contradicit ordinationi divina , ita & tu cave ne qua funt Ecclefia ad te trahens, magno crimini obnoxius fias.* Ofius Cordub. Epift. ad Imper. Conftantium apud Athanaf. in opere ad Monach. n°. 44, tom. I, pag. 371, edit. Benedict.

Ad Sacerdotes Deus voluit qua in Ecclefia difponenda funt pertinere, non ad faculi poteftates, quas, fi fideles fint , Ecclefia fua Sacerdotibus voluit effe fubjectas. Avitus Vienn. in fuis Epift.

Certum eft hoc rebus veftris effe falutare , ut cùm de caufis Dei agitur , juxta ipfius conftitutum, regiam voluntatem Sacerdotibus Chrifti ftudeatis fubdere , non praferre, & facrofancta per earum prafules difcere potius quàm docere , Ecclefia formam fequi non huic humanitus fequenda jura prafigere. Felix fummus Pontifex , Epift. ad Zenonem.

On s'eft abftenu de citer une multitude de paffages des Peres qui confirment tous, avec une égale force, la même vérité.

(2) *Mihi quidem in Laicarum ordine conftituto fas non eft hujufmodi negotia curiofius fcrutari ; Sacerdotes verò quibus id cura eft feorfum ubicumque vo-*

leurs la Puissance Royale donne la loi, & marche la premiere en souveraine; dans les affaires ecclésiastiques, elle ne fait que seconder & servir; à l'Eglise appartient la décision; au Prince la protection, la défense, l'exécution des Canons & des regles ecclésiastiques (1).

luerint conveniant. Valent. apud Sozom. lib. 6, c. 7.

Nefas enim est eum qui sanctissimorum Episcoporum catalogo inscriptus non est, Ecclesiasticis negotiis & consultationibus sese immiscere. Conc. Ephes. c. 35, Concil. Labbæ, tom. 3, pag. 441 & 442.

De vobis autem Laicis, tam qui in dignitatibus quàm qui absolutè conversamini, quid amplius dicam non habeo, quàm qui à nullo modo vobis licet de Ecclesiasticis causis sermonem movere, neque penitus resistere integritati Ecclesia . . . . . Quantacumque enim Religionis & sapientia Laicus existat, vel etiamsi universâ virtute interius polleat, donec Laicus est, ovis vocari non desinet . . . . . qua ergo vobis ratio est in ordine ovium constitutis, Pastores verborum subtilitate discutiendi, & ea qua sunt super vos quarendi & ambiendi. Basil. Imperat. apud Concil. 8 generale, act. 10. Conc. Hard. tom. 5, pag. 920, 921.

Je dis à cause du temporel; car d'ailleurs il est très-certain & indubité que les Empereurs, Rois, Princes, Potentats sont inférieurs, & se soumettent en ce qui est du spirituel & de la puissance des clefs, au moindre Prêtre de la terre. *Du Hamel, Traité des Libertés de l'Eglise Gallicane, p.* 314.

Défendons à nosdites Cours & Juges de prendre aucune connoissance & jurisdiction des causes spirituelles. *Ordonnances de nos Rois.*

(1) M. Bossuet, Politique tirée de l'Ecriture-Sainte, art. 5, prop. 11.

Cette

Cette protection, que les Rois doivent à l'Eglise, n'eſt point un droit qu'ils acquierent ſur ſes déciſions; la défenſe des Canons eſt un devoir que leur impoſe l'autorité dont ils ſont revêtus (1). Mais les Canons diſent que c'eſt aux Prêtres à juger des choſes de Dieu (2), & que le jugement de l'Egliſe n'emprunte point ſa force de la Puiſſance Royale (3). C'eſt donc agir contre les Canons, que de prétendre les interpréter à ſon gré, ſous prétexte de les défendre (4): le Prince eſt le Protecteur de la Diſcipline Eccléſiaſ-

(1) *Debes incunctanter advertere regiam poteſtatem tibi non ſolùm ad mundi regimen, ſed maxime ad Eccleſiæ præſidium eſſe collatam.* Leo Pontif. ad Leon. Auguſtum, Epiſt. 125, pag. 679, edit. Pariſiis, 1675.

(2) *Sicut Reges præſunt in cauſis ſæculi, ita Sacerdotes in cauſis Dei.* Leo 4, apud Grat. cap. *Res ſi incompetenter.*

(3) *Quandonam judicium Eccleſiæ authoritatem ſuam ab Imperatore accipit.* S. Ath. Epiſt. ad Solit. nº. 51, tom. 1, pag. 371, edit. Benedict.

(4) *Quare dum ſimulat Eccleſiaſticum ſe curare Canonem omnia contra Canonem agere molitus eſt . . . . . quis Canon præcipit ut è palatio Epiſcopus mittatur, quis tradidit comites, inconſideratoſque Spadones Eccleſiaſticis præeſſe rebus?* Ibid.

tique, *non pour y établir aucune police, mais pour sa conservation* (1). Il est l'Evêque du dehors, le vengeur des regles anciennes (2) ; mais il ne peut en établir de nouvelles, ni contredire celles qui sont établies (3) : sa puissance ne doit pas prévenir le Jugement de l'Eglise ; elle seconde, elle fait exécuter la vérité qu'elle re-

(1) Ce qui est de la pure économie spirituelle, n'est traité que par les Eccléfiastiques, & on leur en laisse toujours l'entiere disposition, d'autant que les Rois sont protecteurs de la Discipline Ecclésiastique, non pour y établir aucune police, mais pour sa conservation. Le Roi Louis le Débonnaire est appellé, dans les Capitulaires, *Admonitor Legum Ecclesiasticarum, non Legislator.* Millétot, Traité des Libertés de l'Eglise Gallicane.

(2) *Quos Deus sancta fidei Ecclesiaque Protectores esse voluit.* Conc. Trid.

Episcopus extra Ecclesiam apud Euseb. *tutores ac vindices vetustatis* apud Justin.

(3) *Sciens igitur ille modestissimus Princeps Josiæ Regi non impune cessisse, quia sacrificare præsumpsit, quod licitum est singulo cuique etiam secundi ordinis Sacerdoti, multo magis impune sibi cedere non posse cognovit, vel quæ jam de fide christiana rite fuerant constituta discutere, quod nullatenus licet, vel novos constituere Canones, quod nonnisi multis & in unum congregatis primi ordinis Sacerdotibus licet. Ob hoc itaque vir temperans & suo contentus Officio Canonum Ecclesiasticorum executor esse voluit ; non conditor, non exactor.* Facundus Hermianensis pro defensione trium Capitulorum, lib. 12, cap. 3, pag. 806, tom. secundi Operum Jac. Sirmondi edit. 1676.

çoit de la bouche des Pontifes (1) : *A Dieu ne plaife que le Protecteur gouverne ; il attend, il écoute humblement, il croit fans héfiter, il obéit lui-même, il fait autant obéir par l'autorité de fon exemple, que par la puiffance qu'il tient dans fes mains ; mais enfin le Protecteur de la liberté ne la diminue jamais : fa protection ne feroit plus un fecours, mais un joug déguifé, s'il vouloit déterminer l'Eglife, au lieu de fe laiffer déterminer par elle* (2).

Cette Puiffance de l'Eglife qui n'attend de la Puiffance Royale *qu'u-ne entiere foumiffion & une protec-tion extérieure* (3), eft cette Puif-

(1) *Ut noftro auxilio fuffulti quod veftra authoritas expofcit, famulante, ut decet, poteftate noftrâ, per-ficere valeatis.* Ludov. pius ad Epifc. cap. 823.

Infcrutabilis divinæ altitudinis providentia...... poteftatem regiam ad hoc inter cætera ordinavit in terris....... ut Ecclefiam fanctam ejufque Minif-tros feliciter protegeret atque tueretur, & fanctorum antiquorumque Patrum decreta faluberrima Spiritu Dei promulgata quibus nervus Difciplinæ Ecclefiaf-ticæ falutarifque Doctrina viget ac folidatur, fin-cere exequi faceret illibateque obfervari. Textus Pragm.

(2) M. de Fénélon, Sermon prononcé en 1707.

(3) Sans que ces foibles Evêques (les Evêques

sance sacrée qui a été donnée aux Apôtres par Jesus - Christ lorsqu'il leur a dit : *Je vous envoie comme mon Pere m'a envoyé ; recevez l'Esprit-Saint ; les péchés seront remis à ceux à qui vous les aurez remis , & ils seront retenus à ceux à qui vous les aurez retenus* (1) : & ailleurs : *Tout ce que vous lierez sur la Terre , sera lié dans les Cieux ; & tout ce que vous délierez sur la Terre , sera délié dans les Cieux* (2) : & encore : *Toute puissance m'a été donnée dans le Ciel & sur la Terre ; allez donc enseigner toutes les nations , les baptisant au nom du Pere , du Fils & du Saint-Esprit , leur enseignant à observer*

d'Angleterre) aient osé témoigner , à l'exemple de tous les siecles précédents , que leurs décrets , valables par eux-mêmes & par l'autorité sainte que Jesus-Christ avoit attachée à leur caractere, n'attendoient , de la Puissance Royale , qu'une entiere soumission & une protection extérieure. *Histoire des Variations , liv.* 10 , 18.

(1) *Sicut misit me Pater , & ego mitto vos. . . . . . Accipite Spiritum sanctum : quorum remiseritis peccata , remittuntur eis , & quorum retinueritis , retenta sunt.* Joan. cap. 20, v. 21, 22, 23.

(2) *Quacumque alligaveritis super terram , erunt ligata & in cœlo ; & quacumque solveritis super terram , erunt soluta & in cœlo.* Matth. c. 18, v. 18.

*tout ce que je vous ai commandé;
& voilà que je suis avec vous tous
les jours, jusqu'à la consommation
des siecles* (1). Les Pontifes sont donc
les Ambassadeurs de J. C. qui parle
par leur bouche (2); leur autorité est
de droit divin (3): ils peuvent tenir
des biens, des honneurs de la piété
des Rois & des Empereurs; ces titres, ces biens temporels leur sont
légitimement acquis (4), & ils doi-

(1) *Data est mihi omnis potestas in cœlo & in terra :
euntes ergo docete omnes gentes, baptisantes eos in nomine Patris, & Filii, & Spiritûs sancti, docentes eos
servare omnia quacumque mandavi vobis, & ecce
ego vobiscum sum omnibus diebus, usque ad con-
summationem sæculi.* Matth. cap. 28, v. 18, 19, 20.

(2) *Pro Christo ergo legatione fungimur, tanquam
Deo exhortante per nos.* 2. Corinth. cap. 5, v. 20.

(3) *Quibus palam ostendetur non ex Principum ar-
bitrio dependere Ecclesiasticam potestatem, sed ex jure
divino quo Ecclesia conceditur leges ad salutem con-
dere fidelium.* Concil. Senon. ann. 1528, in Præf.
tom. 4, Con. col. 437.

(4) Droits essentiels à l'Eglise, dont elle a joui
sous les Empereurs Païens, & qui ne peuvent lui
être ôtés par aucune Puissance humaine : tous les
autres pouvoirs dont les Ecclésiastiques ont été en
possession, & le sont encore en quelques lieux, ne
laissent pas de leur être légitimement acquis par
la concession expresse ou tacite des Souverains . . . .
& l'Eglise a autant de raison de conserver ces
droits, que ses autres biens temporels. *M. de M.
Fleuri, cité par M. Gilbert de Voisins en* 1730.

vent les conſerver avec ſoin ; mais c'eſt de Dieu même qu'ils ont reçu ce pouvoir des clefs, cette puiſſance ſpirituelle, néceſſaire pour l'œuvre du Miniſtere & l'édifice du corps de Jeſus-Chriſt (1). Son Royaume n'eſt pas de ce monde, & l'autorité ſacrée de ſes Miniſtres ne doit rien à l'inſtitution des hommes.

Les droits eſſentiels du Sacerdoce, & qui ne peuvent lui être enlevés que par une entrepriſe manifeſte, ſont ceux même ſans leſquels il ne pourroit remplir les obligations qui lui ſont impoſées. L'enſeignement eſt le premier devoir des (2) Pontifes ; il eſt donc auſſi le premier objet de l'indépendance de leur Miniſtere : ils peuvent être mis dans les liens par les hommes ; mais la parole de Dieu ne

____

(1) *In opus miniſterii in ædificationem corporis Chriſti.* Epheſ. c. 4, v. 12.

(2) *Hæreditario in hanc ſollicitudinem jure conſtringimur, quicumque per diverſa terrarum, Apoſtolorum vice, nomen Domini prædicamus, dum illis dicitur : Ite, docete omnes gentes : advertere debet fraternitas veſtra, quia accepimus generale mandatum.* Cœleſt. Pap. in Epiſt. ad Patr. Epheſin. tom. 3. Concil. Labb., pag. 614.

peut être enchaînée. (1) L'Eglise,
perſécutée dans les premiers ſiecles,
n'a jamais ceſſé d'être libre au milieu
des chaînes & des tourments ; & cette liberté qu'elle a ſu défendre contre la violence des perſécutions, n'a
pu lui être ravie par la converſion
des Princes ; *en devenant ſes enfants , ils ne ſont point devenus ſes
maîtres.* (2) Les Conſtantins , les Clo-
vis , en ſe ſoumettant à la Foi chrétienne , n'ont point acquis le droit
d'aſſujettir l'enſeignement : le ſilence
ne peut être impoſé à ceux que Dieu
a établis pour être ſes organes ; *la vérité* (3) ne connoît de déshonneur ,
que celui d'être cachée ; ne pas l'an-

___

(1) *In quo laboro uſque ad vincula quaſi male ope-
rans , ſed verbum Dei non eſt alligatum.* 2 ad Timoth.
c. 2 , v. 9.

(2) Le monde , en ſe ſoumettant à l'Egliſe , n'a
point acquis le droit de l'aſſujettir : les Princes ,
devenant les enfants de l'Egliſe , ne ſont point devenus ſes maîtres. *M. de Fénélon , Sermon cité ci-
deſſus.*

L'Egliſe demeura ſous les Empereurs Chrétiens,
auſſi libre qu'elle l'avoit été ſous les Empereurs
idolâtres & perſécuteurs. *Le même.*

(3) *Nihil veritas erubeſcit, niſi ſolummodo abſcondi.*
Tertull. adverſùs Valent.

noncer librement, c'eſt la trahir (1) : elle ne peut ſouffrir, ni les treves, ni les compoſitions. En vain, même dans des ſiecles d'erreur, auroit-on voulu les regarder comme un moyen de faire ceſſer les diſputes & les conteſtations ; tous ceux qui ont la crainte du Seigneur déſirent d'en voir la fin ; mais *il n'eſt, ni bon, ni utile d'ôter le bien avec le mal*, c'eſt-à-dire, *les Dogmes des Peres avec ceux des Hérétiques* : la Regle de l'Egliſe ne condamne au ſilence que ce qui eſt contraire à ſa doctrine, & défend d'affirmer, ou de nier enſemble la vérité & l'erreur (2).

(1) *Non ſolum ille proditor eſt veritatis, qui tranſgrediens veritatem palam pro veritate mendacium loquitur ; ſed etiam qui non libere veritatem pronuntiat.* Decret. Gratian. 2 part.

(2) *Bonum eſt procul dubio & omnibus timentibus Deum deſiderabile cohibere diſſenſiones & altercationes pro cauſa fidei ; ſed non eſt utile, & bonum cum malo deſtruere bonum ; id eſt cum hæreticis orthodoxorum patrum verba & dogmata . . . . propterea intentum quidem, ut dictum eſt, bonum exiſtentem typi laudamus, ſed modum ab intentu diſſonantem avertimus : quoniam omnino eſt inconveniens Catholicæ Eccleſiæ Regulæ, in qua utique adverſa tantummodo jubenter merito ſepeliri ſilentio, non vero orthodoxa cum contrariis confiteri omnino, aut quoquomodo*

S'il n'eſt pas permis à la Puiſſance civile d'arrêter l'enſeignement des Paſteurs, il ne peut également lui être permis de contredire la Doctrine reçue dans l'Egliſe, de ſuſpendre l'exécution de ſes Jugements, ou d'en éluder les effets. Jeſus-Chriſt a promis à ſes Apôtres & à leurs Succeſſeurs, de ne point les abandonner (1) : le monde peut paſſer ; mais la parole de Dieu ne paſſera pas (2) ; les portes de l'enfer ne prévaudront point contre l'Epouſe de Jeſus-Chriſt (3) ; elle ſeule peut porter des Jugements en matiere de Doctrine (4). C'eſt donc auſſi à elle à en dé-

---

denegare. Concil. Lateran. habit. ſub Martin. 1, Secrerar. IV. Concil. Labbæ, tom. 6, pag. 235 & 238.

(1) *Et ecce ego vobiſcum ſum omnibus diebus, uſque ad conſummationem ſaculi.* Matth. c. 28, v. 20.

(2) *Cœlum & terra tranſibunt, verba autem mea non præteribunt.* Matth. c. 24, v. 36.

(3) *Porta inferi non prævalebunt adversùs eam.* Matth. c. 16, v. 18.

(4) *At certe ſi vel ſcripturarum ſeriem divinarum, vel vetera tempora retractemus, quis eſt qui abnuat in cauſa fidei Epiſcopos ſolere de Imperatoribus Chriſtianis, non Imperatores de Epiſcopis judicare ?* S. Amb. Epiſt. 21, ad Imperator. Valentin. n. 4.

terminer la nature & les effets (1).
Les Loix de l'Eglife ne peuvent re-

tom. 2, pag. 860, edit. Benedict. 1690. *Quando
audifti, clementiffime Imperator, in caufa fidei Laicos de Epifcopis judicaffe ?* Idem loco citato.

(1) Plus foumis à fes décifions (de l'Eglife) que
le moindre de nos Sujets, nous fommes perfuadés
que c'eft par elle que les Rois & les Peuples doivent apprendre également les vérités néceffaires au
falut ; & nous n'avons garde de vouloir étendre
notre pouvoir fur ce qui concerne la doctrine dont
le dépôt facré a été confié à une autre Puiffance.
Nous favons que c'eft à elle feule qu'il eft réfervé
d'en prendre connoiffance ; & nous ne pourrions y
entrer, fans nous expofer au jufte reproche de
n'avoir foutenu la vérité que par une entreprife
manifefte fur la Puiffance fpirituelle. *Déclaration
du 7 Octobre* 1717.

On n'y auroit pas avancé que dans les matieres
de doctrine même, les Rois ont un droit d'examen & d'infpection fur les décifions de l'Eglife,
avant que d'en permettre l'exécution dans leurs
Etats, pour voir fi elles n'ont rien qui déroge à
la pureté des faints Canons ; termes qui femblent
foumettre le fond de la doctrine à l'examen de
la Puiffance temporelle, dans . temps même que
le Parlement reconnoît que l'Eglife feule peut en
être le Juge . . . . Mais fi on ne lui contefte pas
ce pouvoir, il femble au moins qu'on cherche à
l'affoiblir, en le faifant tellement dépendre du
concours de la Puiffance temporelle, que, fans
ce concours, les plus faints décrets de l'Eglife ne
puiffent, ni obliger les Sujets du Roi, ni mettre le
Sacerdoce en état de réclamer avec fuccès le fecours
de l'Empire & des Tribunaux à qui il a confié une
partie de fon autorité. . . . C'eft ce qui paroît avoir
été le principal objet des Remontrances ; mais fi
Sa Majefté n'a pu s'empêcher de le remarquer, elle
a au moins la fatisfaction de voir qu'on pouvoit
encore y oppofer les Remontrances mêmes. On y

cevoir des qualifications, que de l'autorité même qui les a prononcées (1).
Ces qualifications appartiennent à
la Loi même : elles déterminent le
genre de soumission qui lui est dûe,
& c'est à l'Eglise seule à en fixer le
caractere & l'étendue.

Cette infaillibilité de l'Eglise universelle ne s'exerce pas moins sur les
regles des mœurs, que sur les principes de la croyance (2). L'Esprit-

reconnoît expressément que si les Evéques des premiers siecles demandoient aux Empereurs de joindre
leur autorité aux décisions de l'Eglise, ils
étoient bien éloignés de croire qu'elles ne pussent
lier les consciences, ni exiger la croyance & la
soumission des Fideles, si elles n'étoient adoptées
& autorisées par les Souverains. Après un aveu
si formel du sentiment de l'Antiquité, il eût été
digne d'une Compagnie si éclairée de se réduire à
soutenir que si le concours de la Puissance temporelle n'est pas d'une nécessité absolue dans les
matieres de doctrine, il est au moins très-avanta-
geux à l'Eglise & à la Religion même. *Réponse de
M. le Chancelier d'Aguesseau aux Remontrances du
Parlement, du 6 Avril* 1737.

(1). *Quis Episcopis jubeat, & quis Apostolica præ-
dicationis vetet formam ?* Hilar. lib. contra Const.

(2) *Religionem Christianam fide & moribus consta-
re ; dogmatum verò tum fidei, tum morum eumdem
esse fontem, ac bene vivendi regulam ad ipsum fidei
caput pertinere Ecclesia Catholica semper intellexit.*
Censure du Clergé en 1700.

L'Eglise a par elle-même le droit de décider de

Saint, qui ne peut jamais manquer à l'Eglise, doit enseigner toute vérité (1) : ce seroit en vain que les clefs du Royaume des Cieux lui auroient été remises, si elle pouvoit autoriser une morale corrompue : elle enseigne avec une égale autorité, & ce qu'il faut croire, & ce qu'il faut pratiquer, & le jugement qu'elle porte sur les vérités morales, est aussi indépendant des Princes & de leurs Ministres, que celui qu'elle porte sur les objets de la croyance. Les Instituts Religieux appartenant à la regle des mœurs & à la discipline, sont donc assujettis au pouvoir de l'Eglise : la Puissance civile peut les examiner dans l'ordre temporel ; elle peut même par des considérations politiques, ou les ad-

toutes les questions de doctrine, soit sur la foi, soit sur la regle des mœurs. *Discours de M. l'Abbé de Fleuri adopté par M. Gilbert de Voisins, requisit. du 13 Novembre 1730.*

Tenetur quilibet Christianus firmiter credere unam esse in terris universalem Ecclesiam visibilem quæ in fide & moribus errare non potest, cui omnes Fideles in his quæ sunt fidei & morum obedire adstringuntur. Censur. sacræ Facult. contra Lutherum, art. 8.

(1) *Cùm autem venerit ille Spiritus veritatis, docebit vos omnem veritatem.* Joann. cap. 16, v. 13.

mettre, ou ne pas les recevoir dans
ſes Etats ; mais dans l'ordre de la Religion ils ne peuvent être jugés que
par l'autorité eccléſiaſtique. L'Egliſe
n'a pû déclarer pieux, ſaint & digne
d'éloges, ce qui ne l'eſt pas ; & ſup-
poſer que ce qu'elle a approuvé peut
être impie, blaſphématoire, contraire au Droit naturel, ou divin, c'eſt
lui imputer un aveuglement que ne
permet pas d'imaginer l'aſſiſtance
promiſe par J. C.

Le vœu étant une promeſſe réflé-
chie faite à Dieu d'une bonne œuvre qui tend à la perfection (1), fait
auſſi partie de la Morale Chrétienne,
& par conſéquent l'examen & le diſ-
cernement en ſont réſervés à l'Egliſe ;
c'eſt à elle qu'il appartient d'en approuver l'objet, d'en examiner les
circonſtances, d'en prononcer la nul-
lité, ou de diſpenſer de ſon exécution (2) : la ſolemnité du vœu n'en

____

(1) *Votum eſt promiſſio deliberata Deo facta de me-
liori bono.*

(2) La connoiſſance des cauſes concernant.....
les vœux de Religion ..... appartiendra aux Juges
d'Egliſe. *Art.* 34 *de l'Edit de* 1695.

change point l'eſſence ; le vœu ſo-
lemnel , comme le vœu ſimple , eſt
un engagement contracté avec Dieu ;
il ne peut donc être déclaré nul que
par ceux qui ſont dépoſitaires de ſon
autorité , & la Puiſſance civile ne
peut , ſans uſurper leurs droits , prétendre anéantir par elle-même une
promeſſe qui n'eſt reçue qu'au nom
du Seigneur (1).

Après l'enſeignement, le devoir le
plus ſacré des Paſteurs, eſt l'adminiſtration des Sacrements ; & c'eſt auſſi
le ſecond objet de l'indépendance de
leur Miniſtere : *comme ils ne peuvent
prêcher ce que les Princes ordonnent,
ils ne peuvent diſtribuer la cene, ſuivant leur Mandement.* (2) C'eſt à ſes

(1) Enjoignons à nos Officiers, & même à nos
Cours de Parlement, de leur en laiſſer & même
de leur en envoyer la connoiſſance, ſans prendre
aucune juriſdiction, ni connoiſſance des affaires de
cette nature, ſi ce n'eſt qu'il y eût appel comme
d'abus interjetté en noſdites Cours de quelque Jugement, Ordonnance, ou Procédure faite ſur cette
matiere. *Ibidem.*
(2) Les Paſteurs prêcheront ce que les Princes
auront ordonné, & diſtribueront la cene à leur
Mandement. *Reproche de M. Boſſuet contre le Mi-
niſtre Jurieu, 2. avertiſſ. n. 13.*

Miniftres que Jefus-Chrift a dit d'en-
feigner & de baptifer; c'eft à eux
de déterminer les difpofitions néceffaires pour recevoir les (1) Sacrements : c'eft donc à eux à juger fi
ces difpofitions exiftent; ce que l'E-
glife a droit d'ordonner d'après l'inftitution de Jefus-Chrift, ne peut être
affujetti à l'Empire des Rois (2), &
le refus du plus augufte de nos Sacrements, ne peut jamais être l'objet
de la compétence de l'autorité civile. (3) On ne doit point diftinguer

(1) Le difcernement des difpofitions extérieures
qui font néceffaires pour approcher de ce Sacrement (l'Euchariftie) eft réfervé à ceux qui ont le
pouvoir de lier & de délier, comme je vous le
marquois par la lettre que S. M. m'ordonna de
vous écrire au mois de Juin dernier ; & s'il y a
des ordres à donner dans une matiere fi fpirituelle
& fi importante, c'eft à l'Evêque feul qu'on peut
les demander. *M. d'Agueffeau dans fa Lettre au
Parlement de Bordeaux , du 14 Septembre 1731.*

*Nofti etenim , Fili clementiffime , quòd licet præ-
fideas humano generi dignitate , rerum tamen præ-
fulibus divinarum devotus colla fubmittis, inque fu-
mendis cœleftibus Sacramentis , eifque , ut competit ,
difponendis fubdi te debere cognofcis Religionis ordini
potius quàm praeffe.* Gelaf. Pap. loc. cit.

(2) *Si illud Epifcoporum decretum eft , quomodo
illud pertinet ad Imperatorem ?* S. Athanaf.

(3) Ordonnances de 1539 , 1610 , 1629 , 1666 & de
1695.

entre l'adminiſtration intérieure &
l'adminiſtration extérieure ; ce n'eſt
pas la publicité d'un objet qui déter-
mine la Puiſſance qui doit en connoître ; toute action ſecrete n'eſt pas ſpirituelle ; toute action publique n'eſt
pas civile & temporelle ; ce qui eſt
du reſſort de chaque Puiſſance eſt
diſtingué par ſa nature & ſon rapport ; l'adminiſtration des Sacrements, pour être extérieure, n'en eſt
pas moins ſpirituelle ; la Religion elle-même eſt eſſentiellement extérieure & publique : ſa doctrine, ſon cul-
te, ſes prieres, ſa liturgie, ſes inſ-
tructions, ſes ſacrements, tout a des
rapports néceſſaires à des objets ſen-
ſibles ; & ſi tout ce qui eſt extérieur
pouvoit être aſſervi à la Puiſſance civile, il n'y auroit plus qu'un ſeul pouvoir, celui des Rois & de leurs Miniſtres qui connoîtroient également
des choſes du Ciel & de celles de la
terre.

Cette indépendance des Paſteurs
dans la diſpenſation des Sacrements,

n'eſt point ũn pouvoir arbitraire. (1)
Ils ont des Loix qu'ils doivent ſuivre;
mais ces Loix ont été établies par
J. C. lui-même & par l'Egliſe; c'eſt
donc à elle à juger ſi elles ſont obſervées. Le fidele qui éprouve un refus a, dans la Hiérarchie Eccléſiaſtique, un tribunal toûjours ouvert, au-
quel il peut porter ſa plainte contre
une conduite qui ne ſeroit pas con-
forme aux regles de l'Egliſe. (2) Si
pour obtenir des biens ſpirituels, il
implore une autorité étrangere, il
devient coupable de tous les maux
qui peuvent en réſulter : la commu-
nion de l'Egliſe ne s'obtient pas par la
terreur (3) & par les menaces; ce n'eſt

(1) *Nulli Chriſtianorum facilè communio denege-*
tur, nec ad indignantis fiat hoc arbitrium Sacerdo-
tis, quod in magni reatus ultionem invitis ac dolens
quodammodo inferre debet animus judicantis. S. Leo
in Epiſt. 10 ad Epiſc. per Prov. Vienn. conſtitutos.

(2) *Hinc, unanimi conſenſu receptum eſt cauſas*
Sacramentorum eſſe mere Eccleſiaſticas, eo quod à ex-
natura ſua ſint mere ſpirituales. Van-Eſpen, Jus
Eccleſiaſt. pag. 3, tit. 2, de Cauſis Eccleſiaſt. c. 1,
nº. 4, pag. 188, edit. Lovanii, 1752.

(3) *Si qui autem ſunt qui exiſtimant aditum ſe*
ſibi terroribus facere, pro certo habeant contra tales
clauſam ſtare Eccleſiam Dei. S. Cyprian. Epiſt. 58.

pas la soumiſſion aux jugements de l'Egliſe qui ouvre la porte au ſchiſme, & la déſobéiſſance n'eſt point un moyen pour la lui fermer. (1)

Puiſque c'eſt à l'Egliſe que J. C. a confié l'enſeignement & l'adminiſtration des Sacrements, c'eſt de l'Egliſe ſeule que les Paſteurs peuvent tenir leur miſſion ; (2) c'eſt à elle qu'il appartient d'inſtituer & de deſtituer ſes Miniſtres; d'approuver, ou de réformer leur conduite ; de leur donner des regles, & de juger de leur obſervation. L'autorité civile ne peut donner un droit qu'elle n'a pas; (3) on ne peut ordonner l'adminiſtration des Sacrements, que lorſqu'on peut décider ſi celui qui les

(1) Arrêt du Conſeil du 10 Mars 1731.

(2) Elle [l'Egliſe] a droit d'établir des Paſteurs & des Miniſtres pour continuer l'œuvre de Dieu juſqu'à la fin des ſiecles, & pour exercer toute cette juriſdiction ; & elle peut les deſtituer, s'il eſt néceſſaire. *Diſcours de M. l'Abbé de Fleuri*, *adopté par M. Gilbert de Voiſins. Requiſitoire du 13 Novembre 1730.*

(3) *Auguſtæ memoriæ Pater tuus . . . . . . Legibus ſuis ſanxit in cauſa fidei vel Eccleſiaſtici alicujus ordinis eum judicare debere qui nec munere impar ſit, nec jure diſſimilis.* Ambroſ. Epiſt. 21.

demande a les difpofitions néceffaires pour les recevoir : les Rois & leurs
Officiers ne peuvent donc enjoindre de donner les Sacrements. (1)
Le Miniftre de Jefus-Chrift qui re-
çoit de pareils ordres, doit fe fouvenir qu'il faut obéir à Dieu, plutôt
qu'aux hommes, (2) & que s'il doit
à la Puiffance temporelle une foumiffion fans réferve dans tout ce qui
eft de fon reffort, il ne peut fe fouftraire à l'obéiffance qu'il doit à la
Puiffance Eccléfiaftique dans les chofes fpirituelles, fans expofer le falut
des Peuples, & mériter la cenfure de
l'Eglife.

(1) Sa Majefté a cru ne pouvoir réprimer trop
promptement l'abus qu'un Juge Séculier a fait en
cette occafion de fon autorité, en ordonnant à un
Curé d'adminiftrer les Sacrements de l'Eglife, &
en voulant fe conftituer Juge des caufes de fon refus, ou de fon retardement, au lieu de renvoyer
la Partie intéreffée devant fon Supérieur Eccléfiaftique, en fe conformant à la regle établie par
l'article 34 de l'Edit de 1695, concernant la Jurif-
diction Eccléfiaftique, qui réferve aux Evêques le
droit de connoître de l'adminiftration des Sacrements, & autres caufes purement fpirituelles.
Arrêt du Confeil, du 27 Mai 1739.
  (2) *Obedire oportet Deo magis quàm hominibus.*
Act. c. 5, v. 29.

Tels font les droits les plus inté-
reffants de la Puiffance fpirituelle fur
lefquels nous avons jugé néceffaire
d'expofer notre doctrine d'après le
langage de l'Ecriture & celui de la
Tradition. Dieu a permis quelque-
fois que ces droits facrés reçuffent
des atteintes de la part des Puiffances de la Terre; mais fon Eglife a
toujours triomphé de leurs entreprifes : elle n'a point pour fondement
le pouvoir des hommes : celui qui
habite dans les Cieux, fait la rendre fupérieure à leurs deffeins injuftes, & il femble qu'il ne tolere les
contradictions qu'elle peut éprouver,
que pour rendre plus fenfible l'affiftance qu'il lui a promife. Nous avons
donc cette ferme confiance en la bonté du Seigneur, que dans un Royaume qu'il a toujours comblé de fes bé-
nédictions, il ne permettra pas que
fon Eglife foit dépouillée du pouvoir
qu'il lui a confié : la piété & la jufti-
ce de notre augufte Monarque, nous
répondent qu'il fe fera toujours un

devoir de la protéger ; & fi Dieu nous fait la grace de nous juger dignes de fouffrir pour fon nom, nous ofons attendre de fa miféricorde, qu'il nous foutiendra par fon efprit, & nous donnera en même-temps le courage & la fageffe, la force & la modération dont la réunion feule peut affurer la gloire & le falut de l'Eglife. (1)

Nous n'avons pas prétendu au fur-plus renfermer dans cette préfente expofition tous les droits que Dieu a donnés à fes Miniftres ; nous nous fommes contentés d'expofer ceux fur lefquels il nous a paru impoffible de garder le filence : car nous ne pouvons nous empêcher de le dire ; nous aurions craint d'encourir l'indigna-tion de celui dont la Religion eft offenfée, (2) & que les peuples ne fuf-

____

(1) *Neceffe eft ut omne corpus Ecclefiæ falubri cref-cat augmento, fi membra quæ præfunt & vigore ex-cellant authoritatis & tranquillitate moderaminis.* S. Leo, Epift. 36 ad Epifcop. Arelat. Provinc.

(2) *Quia [quod neceffe eft nos dicere] veremur ne cujus Religio diffipatur, indignatio provocetur.* S. Leo, Epift. ad Theod. 39.

fent en droit de nous reprocher un
jour qu'inutilement ils ont attendu
de nous l'explication & la défenfe
de la Loi (1).

(1) *Labia enim Sacerdotis cuftodient fcientiam ; &*
legem requirent ex ore ejus. Malach. c. 2, v. 7.

DÉCLARATION
SUR
LA CONSTITUTION
UNIGENITUS.

L'Enseignement conſtant des premiers Paſteurs étant le moyen
le plus efficace pour aſſurer le triom-
phe de la Vérité; & cet enſeignement n'ayant jamais plus de poids &
d'autorité que lorſque les Evêques
uniſſent leur voix à celle du Vi-
caire de Jeſus-Chriſt, du Succeſ-
ſeur de S. Pierre, le Chef de l'Egliſe
Univerſelle; Nous Archevêques &
Evêques, & autres Eccléſiaſtiques
députés à l'Aſſemblée-Générale du
Clergé de France, qui ſe tient actuellement à Paris, voyant que, mal-
gré le concours des deux Puiſſances,
qui a fait de la Conſtitution *UNI-*
GENITUS une Loi de l'Egliſe & de

l'Etat, elle éprouve encore des contradictions, que les ennemis de la vérité font tous leurs efforts pour se souftraire à l'obéissance qui lui est due, & que la cause étant finie, l'erreur n'a pas encore pris fin ; nous avons jugé nécessaire de renfermer dans une Déclaration abrégée, notre Doctrine sur ladite Constitution, & de joindre à cette Déclaration la Lettre Encyclique de Benoît XIV ; & cette Lettre, l'Ouvrage d'un Pontife respectable par ses talents, ses lumieres & ses vertus, demandée par l'Assemblée de 1755, acceptée solemnellement par l'Assemblée de 1760, confirmée par le souverain Pontife qui remplit si dignement le Siege Apostolique, réunissant tous les caracteres qui doivent déterminer la soumission & l'obéissance, nous avons voulu qu'elle donnât une nouvelle force à notre enseignement, & qu'elle servît aux Pasteurs de regle pour affermir & diriger leur zele, & pour établir de plus en plus, dans

l'administration

l'adminiſtration du plus auguſte de nos Sacrements, cette uniformité précieuſe, néceſſaire pour la conſolation des Miniſtres & l'édification des peuples.

C'eſt par ces raiſons, qu'en reconnoiſſant, comme nous l'avons toujours reconnu (1), que la Conſtitution *UNIGENITUS* eſt *un Jugement dogmatique de l'Egliſe Univerſelle, ou, ce qui revient au même, un Jugement irréformable de cette même Egliſe, en matiere de Doctrine* (2), & qu'elle exige une ſoumiſſion ſincere de cœur & d'eſprit; Nous déclarons, avec le ſouverain Pontife Benoît XIV (3), que les réfractaires à ce décret ſont indignes de participer aux Sacrements, & qu'on doit

______

(1) Lettre des Evêques aſſemblés extraordinairement en 1738.

Lettre de l'Aſſemblée de 1730.

Lettre des Evêques au Roi en 1752.

Remontrances de 1755, de 1760 & de 1761.

(2) Remontrances de 1760.

(3) *Hinc porro conſequitur, ut in ea, quæ exorta eſt controverſia, utrum hujuſmodi refractariis ſanctiſſimum corporis Chriſti viaticum expetentibus denegari debeat, ſine ulla hæſitatione reſpondendum ſit, quoties prædicta Conſtitutioni publicè & notoriè refrac-*

les leur refuſer même publiquement,
comme aux autres pécheurs publics,
ſi leur révolte eſt notoire, ſoit par le
droit, ſoit par le fait, ſuivant les regles preſcrites par la Lettre Encyclique de ce ſouverain Pontife, que
nous joignons à notre préſente Déclaration, comme en faiſant partie,
pour diriger les Paſteurs dans la conduite des peuples qui leur ſont confiés, & ſervir aux Fideles de témoignage authentique du concert
qui regne entre l'Egliſe de France &
l'Egliſe Romaine, mere & maîtreſ-
ſe de toutes les Egliſes, le centre de
l'unité, & à laquelle les Apôtres ont
laiſſé avec leur ſang, le dépôt de leur
doctrine : *Cui totam doctrinam Apoſ-*
toli cum ſanguine ſuo profuderunt.
Tertull. lib. de præſcript. cap. 36.

Suit la teneur de la Lettre Encyclique de notre S. Pere le Pape Be-

tarii ſint, denegandum eis eſſe, ex generali nimi-
rum regula quæ vetat publicum atque notorium pec-
catorem ad Euchariſtiæ Communionis participatio-
nem admitti, ſive eam publicè, ſive privatim requirat.
Ex Epiſt. Encycl. Benedict. XIV.

noît XIV, adreffée aux Cardinaux,
Archevêques, Evêques & autres Ec-
cléfiaftiques députés à l'Affemblée-
Générale du Clergé de France.

BENEDICTUS XIV. PAPA.

VENERABILIBUS FRATRIBUS noftris S. Romanæ Ecclefiæ Cardinalibus ac Archiepifcopis & Epifcopis Regni Galliarum noviffimis Comitiis Cleri Gallicani congregatis, SALUTEM ET APOSTOLICAM BENEDICTIONEM.

EX omnibus Chriftiani orbis regionibus, ad quas impofita imbecillitati noftræ Paftoralis cura protenditur, cùm multa fæpe ad nos deferantur, quæ animum noftrum pro omnium, fingulariumque Ecclefiarum ftatu follicitum & anxium habent ; vix tamen aliundè nobis majores perturbationis atque doloris caufæ acciderunt quàm ex graviffimis controverfiarum ac diffenfionum incommodis, quibus florentiffimum iftud Regnum, & Catholicam Gal-

lorum Nationem aliquot abhinc an-
nis jactari cognovimus. Neque sanè
destitimus, hoc toto perturbationum
vestrarum tempore, Deum optimum
maximum enixè rogare, ac interpo-
sitis etiam aliorum precibus, orare
atque obsecrare, ut ipse qui Deus
pacis est, veram, solidamque tranquillitatem turbatis Ecclesiis vestris
reddere dignaretur. Sæpè etiam, datis, ad carissimum in Christo Filium
nostrum Ludovicum Galliarum Re-
gem Christianissimum Apostolicis litteris, illius opem & brachium ad Ec-
clesiasticæ pacis tutelam atque præsi-
dium imploravimus. Iis autem, qui
ad nos & ad Sedem Apostolicam de
rebus istis recursum habuerunt, ea
semper responsa dedimus, quibus nos
promptos paratosque declaravimus,
pro pace Ecclesiæ Gallicanæ, quam
sincerâ & constanti dilectione prose-
quimur, quidquid nobis vitæ superes-
se posset libenter impendere, atque
omnia quæ nobis agenda & propone-
rentur, & aggredi & urgere, dum-
C 3

modò ejufmodi confilia effent, quæ
ad revellendum malorum germen ap-
ta & idonea dignofcerentur, & quorum executio cum fpe profperi eventûs fufcipienda & ad intentum finem
utiliter proceffura videretur.

Gravem atque diuturnam de rebus veftris follicitudinem, quâ hac-
tenus affecti fuimus, non parum fub-
levârunt litteræ è Gallicani Cleri
Comitiis die 31 Octobris elapfi anni
ad nos fcriptæ; quas quidem legen-
tes, veftram, venerabiles Fratres,
firmitatem atque conftantiam veftram
perfpeximus, perfectam confenfionem
in cuftodiendo veræ fanæque Doctri-
næ depofito, & in retinenda quam
femper majores veftri profeffi funt
ergà Apoftolicam beati Petri Sedem,
Catholicæ Unitatis centrum, obfer-
vantiâ & veneratione. Nequè enim
ullam inter vos diffenfionem vigere
comperimus, quoad Canonicas regu-
las & principia; fed fciffuras tantum-
modò effe inter vos in diligendis, fta-
tuendifque mediis, quibus utendum

neceſſariò eſt, ut eadem communia
principia in uſum deducantur. Quod,
quamvis optandum fuiſſet, longè
abeſſe à Conventu veſtro, haud tamen mirum videri debet ſcientibus
id aliàs inter ſacros Antiſtites &
doctrinâ & morum ſanctitate conſpi-
cuos, in graviſſimarum rerum trac-
tatione eveniſſe. In magnam autem
præconceptæ conſolationis noſtræ ac-
ceſſionem ſeſe obtulit eximia Chriſ-
tianiſſimi Regis pietas & Religio,
cum hæreditario ipſius in hanc Apoſ-
tolicam Sedem obſequio conjuncta,
quæ non in recentioribus tantummo-
dò illius litteris quas die 19 Decem-
bris ejuſdem elapſi anni, prædictam
Cleri Epiſtolam huc mittens ad nos,
dedit; ſed in cæteris quoque omnibus ab eo conſcriptis præclarè exituit,
in quibus teſtari poſſumus atque de-
bemus, nos ſemper illius Regii animi ſenſus eos planè deprehendiſſe,
qui maximè decebant Orthodoxum
Principem, & verâ in Deum Religione & ſincerâ ergà Romanam Se-

dem pietate præditum, eumdemque pacis atque concordiæ in suis Regnis restituendæ & conservandæ amantissimum.

Tanta est profectò in Ecclesia Dei auctoritas Apostolicæ Constitutionis, quæ incipit, Unigenitus, eâdemque sibi tam sinceram venerationem, obsequium & obedentiam ubique vindicat, ut nemo Fidelium possit absque salutis æternæ discrimine, à debita ergà ipsam subjectione sese subducere, aut eidem ullo modo refragari. Hinc porrò consequitur, ut in ea, quæ exorta est controversia, utrùm hujusmodi Refractariis sanctissimum Corporis Christi Viaticum expetentibus denegari debeat; sine ulla hæsitatione respondendum sit: quoties prædictæ Constitutioni publicè & notoriè Refractarii sint, denegandum eis esse, ex generali nimirum regula, quæ vetat publicum atque notorium peccatorem, ad Eucharisticæ Communionis participationem admitti; sive eam publicè, sive privatim requirat.

Publici autem atque notorii sunt Refractarii, in casu de quo agitur, quicumque per sententiam à Judice competente prolatam, rei declarati sunt eo nomine, quod debitam prædictæ Constitutioni Unigenitus venerationem, obsequium & obedientiam contumaciter denegaverint; quicumque etiam hujusmodi contumaciæ reos se in judicio confessi sunt; ac præterea illi qui, quamvis nec à judice condemnati, neque reatum suum in judicio confessi fuerint, nihilominùs vel eo tempore quo sacrum ipsum Viaticum suscepturi sunt, propriam inobedientiam & contumaciam adversùs Constitutionem Unigenitus sponte profitentur: vel in ante actæ vitæ decursu aliquid evidenter commisisse noscuntur, manifestè oppositum venerationi, obsequio & obedientiæ eidem Constitutioni debitæ, in eoque facto moraliter perseverare; quod ita vulgò cognitum est, ut publicum scandalum inde exortum, non adhuc cessaverit. In

*his enim cafibus eadem omnino adeft
moralis certitudo, quæ habetur de iis
factis fuper quibus Judex fententiam
tulit: vel faltem alia fuppetit moralis certitudo prædictæ fimilis & æqui-
pollens.*

*In quo tamen præ oculis habenda
eft differentia, quæ intercedit inter
notorium illud quod merum aliquid
factum deprehenditur, cujus facti
reatus in ipfa fola externa actione con-
fiftit; ut eft notorietas ufurarii, aut
concubinarii; & aliud notorii genus
quo externa illa facta notarii contin-
git, quorum reatus ab interna etiam
animi difpofitione plurimùm pendet:
de quo quidem notorii genere nunc
agitur. Alterum enim illud gravi-
bus fanè probationibus evinci debet;
fed alterum gravioribus, certioribuf-
que argumentis probari oportebit.*

*Ea verò quam fuprà innuimus cer-
titudo, minime adeffe, dicenda eft
in aliis cafibus, in quibus crimen nititur conjecturis præfumptionibus, in-
certifque vocibus; quæ originem fuam*

plerumque debent hominibus, aut
malo animo affectis, aut qui præju-
dicatis opinionibus, vel partium studiis ducuntur, quibus, dum fides habetur, satis compertum est, tum præ-
teritorum temporum, tum ætatis nos-
træ experientiâ, quot modis homines
errare & falli, ac in transversum agi
contingat.

Quia verò nonnulli animarum
Pastores, Ecclesiæque Ministri, pietate & zelo commendati hujusmodi
conjecturis & præsumptionibus de-
ferentes, dum ad sacrum Viaticum
aliquibus ministrandum advocantur,
animo anxii hærent; verentes, ne
id sine propriæ conscientiæ pericu-
lo, administrare non possint, certam
subnectimus agendi regulam quam
sequantur.

Hoc itaque primùm animadverte-
re debent, an scilicet ei qui extre-
mum Viaticum postulat, cùm anteà
ad sacram mensam accederet, Pas-
chali præsertim tempore, à loci illius
Parocho ubi degebat, Eucharistica

Communio administrata fuerit : si enim hæc illi in vita non fuerit denegata, argumento id erit; aut hominem illum ab omni labe immunem, aut saltem non verè notorium peccatorem reputatum fuisse; indeque sequetur, sacrum Viaticum eidem in exitu vitæ publicè postulanti denegari non posse, nisi forte, postquam olim ad Eucharisticam mensam admissus fuit, & ante id tempus quo postrema Sacramenta requirit, aliquid commisisse noscatur, qua publici & notorii peccatoris notam, juxta præmissa contraxerit.

Ubi autem ex hac facti specie certum ipsis non suppetat fundamentum cui insistere valeant; aliundè verò validæ adversùs ægrotum præsumptiones & indicia gravia & urgentia militent, ob quæ obortum sibi scrupulum rationabiliter deponere nequeant : in his rerum circumstantiis, oportet eos, remotis arbitris, ægrotantem alloqui, eique cum omni lenitate & mansuetudine, non tanquam disputantes, eumque convincere volentes, ostendere quæ & qualia sint indicia quæ suspectum reddunt ipsius vitæ tenorem, rogantes eum & obsecrantes, ut resipiscat, in eo saltem temporis articulo, à quo æterna ipsius salutis sors pendet; eidemque præterea demonstrantes, quod quamvis ipsi parati sint, sanctissimum Corporis Christi Viaticum ei ministrare, ac etiam reipsâ illud ei ministrent, non ideo tamen tutus ipse erit ante Tribunal Christi; sed potius novi & horrendi criminis reum se constituet, ex quo judicium sibi manducavit & bibit. Cæterum se non alia de causa Sacramentum Corporis Christi eidem ministraturos, nisi ut Ecclesiæ jubenti obtemperent, quæ præter eam quam habet curam, ut scandala publica antevertat, pro sua etiam pietate ægroti ipsius infamiam præcavere studet; & idcirco eum à sacra mensa non repellit; dum ipsum, licet peccatorem in conspectu Domini reputet; non tamen in propria Tribunali publicum atque notorium peccatorem agnoscit.

Hanc itaque judicandi agendique normam oportet vos, venerabiles Fratres, utpote nostro & Apostolicæ Sedis judicio probatam, inferioribus animarum Pastoribus cœterisque Presbyteris per civitates & diœceses vestras, Sacramenta legitimè administrantibus sequendam & observandam proponere. Quod quidem judicium super vigentibus controversiis à nobis interpositum, & Ecclesiasticis regulis nititur & Conciliorum olim in ipsis Galliarum regionibus habitorum Decretis, & gravium ipsius Nationis vestræ Theologorum sententiis fulcitur. Ut igitur vobis laudi fuit, illustrium Prædecessorum vestrorum exempla sequendo, promotas istic controversias, subortaque dubia ad nos & Apostolicam Sedem deferre, certamque hinc regulam ad revocandam tuendamque Ecclesiarum vestrarum pacem exposcere; ita nunc officii vestri par-

tes, vestraque simul apud Deum &
Ecclesiam merita cumulabitis, si
supra scriptam agendi methodum,
ab iis ad quos pertinet, in occurren-
tibus casibus omninò servari curabi-
tis. Quod nos à Fraternitatibus vestris eò fidentiùs expectamus nobis-
que pollicemur, quò magis nobis ipsi conscii sumus, nihil diligentiæ aut
studii à nobis prætermissum fuisse;
sive in perpendendis ac discutiendis
articulis quos Episcopi in præfatis
Cleri comitiis adunati, licet non
vnanimi sententiâ, proposuerunt,
desumendisque ex ipsa eorum discre-
pantia notionibus ad rem penitùs per-
cipiendam rectoque judicio definien-
dam oportunis; sive in legendis pon-
derandisque sententiis, scripto exa-
ratis à venerabilibus Fratribus nostris hujus Sacr. Rom. Eccl. Cardinalibus, quorum hac de re concilia
exquisivimus; sive in cæteris omnibus exequendis atque præstandis,
per quæ divini luminis adjutorium,
quod interim flagrantissimis votis im-

plorare non prætermisimus, nobis promereri possemus.

Neque vero dubitamus, quin carissimus quoque in Christo filius noster Rex Christianissimus, postquam susceptum à vobis consilium non solùm probavit; sed etiam, ut suprà innuimus, suis ad nos datis litteris fovere & adjuvare non recusavit pro sua perspecta in Deum & Ecclesiam religione ac pietate, validam Fraternitatibus vestris opem præbere studebat, quo tàm vobis quàm inferioribus Ecclesiæ Ministris, liberum & integrum sit, ad superiùs descriptam agendi normam, sacrorum Mysteriorum administrationem moderari. Quâ quidem fiduciâ freti nos hîc sermonem minime habendum existimavimus de reliquis Fratrum vestrorum articulis respicientibus Episcopalia jura circà eorumdem Sacramentorum participationem concedendam vel denegandam, & varias super hac re obortas controversias; sed potiùs, cum ipso Chistianissimo Rege, per alias *litteras nostras agendum duximus, ut is sacra Episcopatûs jura, sua animi magnitudine ac præstanti virtute tueatur. Quod ipsum & proprio, & Majorum suorum more facturum certo confidimus : ut nobilissimæ Galliarum Ecclesiæ, illius regio favore nostris vestrisque studiis obsecundante, suum pristinum decorem retinuisse, & perturbatam ad tempus tranquillitatem cito recuperasse lætentur.*

In cujus optatissimi eventûs auspicium, Fraternitatibus vestris cunctisque Populis Pastorali curæ vestræ concreditis, Apostolicam Benedictionem peramanter impertimur.

Datum Romæ apud S. Mariam Majorem, die decimâ sextâ Octobris M. DCC. LVI. Pontificatûs nostri anno decimo septimo.

Et ont été lesdites Condamnation, Exposition & Déclaration, faites & arrêtées unanimement dans l'Assemblée-Générale du Clergé de France, tenue à Paris, au Couvent des Grands-Augustins, le vingt-deux Août mil sept cent soixante-cinq; & il a été de plus délibéré que la Réclamation de l'Assemblée de 1760, & la Déclaration de celle de 1762, seroient annexées aux Actes de cette Assemblée. Signé :

† Ch. Ant. Arch. Duc de Rheims, Président.
† J. Joseph Archevêque d'Arles.
† Henri Archevêque de Tours.
† G. Archevêque de Vienne.
† Gor. Louis P. P. Archevêque de Bourges.
† Arthur-Richard Archevêque de Narbonne.
† Etienne-Charles Archevêque de Toulouse.
† Alexandre Evêque de Valence.
† M. Evêque de Fréjus.
† Bert. Evêque de Cahors.
† J. M. Evêque de Lisieux.
† P. Fr. Xav. Evêque & C. de Saint-Paul.
† H. M. Evêque de Saint-Brieux.
† J. A. Evêque de Nevers.
† Jos. Br. Evêque de Béziers.
† P. A. B. Evêque de Chartres.
† Ch. Evêque de Rodez.
† P. Evêque de Tarbes.
† Félic. Evêque d'Apt.
† Jos. Evêque de Conserans.
† C. G. Evêque de Blois.
† J. A. Evêque d'Angoulême.
† L. H. Evêque de Châlons-sur-Saône.
† G. Evêque de Glandeve.
† Ant. J. Evêque de Sénez.
† J. B. Evêque d'Auxerre.
† L. C. Evêque de Limoges.
† Cl. Ant. Fr. Evêque de Luçon.
† Gab. Fr. Evêque de Mâcon.
† Louis-Alb. Evêque d'Evreux.

† A. F. V. Evêque de Montauban.
† Ant. E. L. Evêque Comte de Châlons-sur-Marne.
L'Abbé De Luberſac.
L'Abbé De Monval.
L'Abbé De Hercé.
L'Abbé Mauduit-Dupleſſis.
L'Abbé Daurelle.
L'Abbé De Boiſſe.
L'Abbé De Molen.
L'Abbé De Ribeyre.
L'Abbé D'Allerey.
L'Abbé De Villeneufve.
L'Abbé De Cry.
L'Abbé Taurin.
L'Abbé De Blacons.
L'Abbé De Sabran.
L'Abbé De Morangiés.
L'Abbé De Solminiac.
L'Abbé De Jouffroy.
L'Abbé De la Rochefaucauld de Magnac.
L'Abbé De Leyſſin.
L'Abbé Mouchet de Villedieu.
L'Abbé Clément.
L'Abbé De Launay.
L'Abbé Deſpens.
L'Abbé De la Ferronaye.
L'Abbé De Girac.
L'Abbé De S. Geyrac.
L'Abbé De Bonneval.
L'Abbé De Marnéſia, Comte de Lyon.
L'Abbé De Ravel.
L'Abbé De Savine.
L'Abbé De Broglie, *ancien Agent & Promoteur.*
L'Abbé De Malide, *Promoteur.*
L'Abbé De Cicé, *Agent.*
L'Abbé De la Luzerne, *Agent.*
L'Abbé De Bauſſet, *ancien Agent & Secrétaire.*
L'Abbé De Leſtocq, *Secrétaire.*

RÉCLAMATION

DE

L'ASSEMBLÉE-GÉNÉRALE

DU

CLERGÉ DE FRANCE,

TENUE EN MIL SEPT CENT SOIXANTE,

A laquelle adhere l'Assemblée - Générale de mil sept cent soixante-cinq.

NOUS Archevêques, Evêques & autres Ecclésiastiques, Députés à l'Assemblée - Générale du Clergé de France, qui se tient actuellement à Paris.

Vu les Procès-Verbaux des deux précédentes Assemblées, notamment les Remontrances présentées au Roi par l'Assemblée de 1755 & par celle de 1758.

Vu aussi les très-humbles & très-respectueuses Remontrances que

l'Assemblée, qui se tient actuellement à Paris, par la permission du
Roi, a présentées à Sa Majesté, le
7 du mois de Juin de cette année.

Nous avons déclaré & déclarons
persister dans les susdites Remontrances ; suppliant de nouveau & (a)
conjurant le Roi *au nom de Jesus-
Christ, le Roi des Rois & le Seigneur
des Seigneurs*, de protéger efficace-
ment l'Eglise, ses décisions, ses Ministres, ses Temples & ses Autels,
contre les entreprises funestes dont
le Clergé de France lui porte ses jus-
tes plaintes depuis plusieurs années.

Mais le respect dû au Roi par tous
ses Sujets, ne permettant pas de pu-
blier lesdites Remontrances, sans
l'approbation de Sa Majesté ; & les
besoins de l'Eglise, la durée & le
progrès des maux dont elle gémit,
exigeant de l'Assemblée présente une
Réclamation publique en faveur de
la sainte autorité qu'on s'efforce d'a-
vilir ; Nous Archevêques, Evêques
& autres Députés du Clergé de Fran-

(a) 1 Cor.
1, 10. Apo-
cal. 19, 16.

ce, assemblés à Paris, le saint nom de Dieu invoqué, avons déclaré & déclarons au nom de l'Eglise Gallicane.

Que conformément à la parole de Dieu, & *(b) pour rendre à César ce qui appartient à César*, nous reconnoissons dans le Roi, notre auguste Souverain, une puissance sur les choses temporelles, qu'il ne tient que de Dieu, indépendante dans son exercice autant que dans son origine, de l'autorité de l'Eglise, & à laquelle nous obéirons toujours avec joie *(c) par le devoir de nos consciences*, ainsi que ses autres Sujets à qui nous devons cet exemple & cet enseignement; *(d)* que par une suite de cette obéissance, nous respectons dans les Officiers de Sa Majesté la portion d'autorité qu'il lui a plu de leur confier.

Mais que *(e) pour rendre à Dieu ce qui appartient à Dieu*, & persuadés qu'en cela même nous entrons dans les vues religieuses du Roi,

(b) Matth. 22, 21.

(c) Rom. 13, 5.

(d) Soyez soumis à toute créature humaine en vue de Dieu, soit au Roi, comme étant le Souverain, soit aux Commandants & aux Magistrats,

nous ne pouvons reconnoître , nous rejettons même & nous condamnons hautement le droit que quelques Tribunaux séculiers se sont arrogé dans ces derniers temps , de statuer sur les dispositions nécessaires pour la réception publique des Sacrements, de connoître & de juger de la justice ou de l'injustice des refus publics qui peuvent en être faits; d'enjoindre directement, ou indirectement, sous quelque nom & sous quelque prétexte que ce puisse être, de les administrer; de déclarer quelles sont les véritables décisions de l'Eglise & le dégré de soumission qui leur est dû ; que l'autorité suprême attribuée * par Jesus-

comme étant envoyés de lui. ɪ. Petr. 2, 13, 14. (e) Matth. 22, 21.

---

* Je vous le dis en vérité : tout ce que vous aurez lié sur la terre sera lié dans le ciel ; & tout ce que vous aurez délié sur la terre sera délié dans le ciel. *Matth.* 18, 18.

Je vous envoie comme mon Pere m'a envoyé : Recevez le Saint - Esprit : Les péchés seront remis à ceux à qui vous les aurez remis, & ils seront retenus à ceux à qui vous les aurez retenus. *Joan.* 20, 21, 22, 23.

Paissez mes Agneaux : Paissez mes Brebis. *Joan.* 21, 16, 17.

Toute puissance m'a été donnée dans le ciel & sur la terre ; allez donc, enseignez toutes les Na-

Chrift, fur ces matieres, aux premiers Pafteurs de fon Eglife, à l'exclufion de toute autre Puiffance, ne peut être affoiblie, ni par de prétendus actes de poffeffion de la part des Tribunaux féculiers, ni par des aveux qu'ils auroient furpris en leur faveur à quelques Eccléfiaftiques ; & que cette Doctrine inébranlable, fans laquelle les deux Puiffances fe-

tions, les baptifant au nom du Pere, & du Fils & du Saint-Efprit, leur enfeignant à obferver tout ce que je vous ai ordonné. Et voilà que je fuis avec vous tous les jours jufqu'à la confommation des fiecles, *Matth.* 28, 18, 19, 20.

Prenez garde à vous & à tout le troupeau dans lequel le Saint-Efprit vous a établis Evêques, pour gouverner l'Eglife de Dieu. *Act.* 20, 28.

Que l'homme nous regarde comme les Miniftres de Jefus-Chrift & les Difpenfateurs des Myfteres de Dieu. *I. Cor.* 4, 1.

Nous fommes les Lieutenants & les Ambaffadeurs de Jefus-Chrift, comme fi Dieu exhortoit par notre bouche. *II. Cor.* 5, 20.

Il (Jefus-Chrift) a établi les uns Apôtres, les autres Pafteurs & Docteurs pour confommer les Saints par l'œuvre du Miniftere & pour édifier le Corps de Jefus-Chrift. *Ephef.* 4, 11, 12.

Obéiffez à vos Pafteurs & foyez-leur foumis ; car ils veillent comme devant rendre compte de vos ames. *Hebr.* 13, 17.

Nous fommes de Dieu. Celui qui connoît Dieu nous écoute ; celui qui n'eft pas de Dieu, ne nous écoute pas. C'eft en cela que nous connoiffons l'Efprit de vérité & l'efprit d'erreur. *I. Joan.* 4, 6.

roient

roient confondues, n'est pas moins salutaire à l'Etat, qu'essentielle à la Religion.

Que telle a été depuis la naissance du Christianisme, la Foi de tous les siecles, admirablement développée par l'illustre & savant Bossuet, lorsqu'il a dit d'après les Peres * de l'E-

* Ne vous ingérez pas dans les affaires Ecclésiastiques, & ne nous donnez point des ordres sur de pareilles affaires ; mais plutôt apprenez de nous ce que vous devez en penser. Dieu vous a donné l'Empire, il nous a confié le soin de l'Eglise ; & de même que celui-là résiste à l'ordre de Dieu qui vous enleve l'Empire ; ainsi craignez de vous rendre coupable d'un grand crime, si vous attirez à vous les affaires Ecclésiastiques. Il est écrit, rendez à César ce qui appartient à César, & à Dieu ce qui appartient à Dieu. Il ne nous est donc pas permis de commander à la terre, & vous n'avez pas le pouvoir de sacrifier. Je vous écris ces choses par le désir que j'ai de votre salut. *Osius, Evêque de Cordoue, dans sa Lettre à l'Empereur Constance, rapportée par saint Athanase dans son Ecrit aux Moines*, n. 44, tom. I, page 371, édit. des Bénédict.

Quel est le Canon qui ordonne qu'un Evêque reçoive sa mission du Palais ? .... Quel est celui qui met des Comtes à la tête des affaires Ecclésiastiques ? ..... Quand est-ce qu'un Décret de l'Eglise a reçu de l'Empereur son autorité ? ......, Il s'est tenu plusieurs Synodes avant ces temps, il a paru plusieurs Décisions de l'Eglise ; mais nos Peres n'ont jamais conseillé rien de pareil à l'Empereur ; & jamais l'Empereur n'a étendu son inspection sur les affaires Ecclésiastiques.........

D

glise & avec l'applaudissement de
toute la Nation : *Que les* (f) *Rois ne
doivent pas entreprendre sur les*

Qui, voyant un Laïque donner des ordres à ceux
qui sont regardés comme Evêques, & présider aux
Jugements Ecclésiastiques, n'a pas droit de s'é-
crier, que c'est là l'abomination de la désolation
prédite par Daniel? S. *Athanase, dans ce même
Ecrit aux Moines, n.* 51, 52, 77.

Que votre Clémence donne ses ordres, pour que
tous les Juges à qui l'administration des Provinces
est confiée, & qui ne sont chargés uniquement que
du soin & de la conduite des affaires publiques,
s'abstiennent par-tout de juger des matieres de
Religion ; & qu'ils ne présument pas dorénavant
de connoître, par une usurpation manifeste, des
causes qui concernent les Clercs. S. *Hilaire de Poi-
tiers, liv.* 1, *à l'Empereur Constance, n.* 1, *p.* 335,
de l'édit. des Bénédict.

Souffrirez-vous avec patience, ce que je vais
vous dire avec liberté? La loi de Jesus-Christ ne
vous soumet-elle pas aussi à mon Empire & à mon
Trône? car nous avons aussi un Empire ; j'ajoute,
plus noble & plus parfait que le vôtre, si ce n'est
qu'il fût juste que la chair l'emportât sur l'esprit,
& les choses terrestres sur les célestes. Mais je ne
doute pas que vous ne preniez en bonne part cette
liberté de mon discours, comme étant une brebis
précieuse du Troupeau sacré dont je suis le Pasteur.
S. *Grégoire de Nazianze, tom.* 1, *Oraison dix-sep-
tieme, n.* 14, *page* 271, *édit. de Billi.*

Avez-vous jamais oui dire, Empereur très-clément, que des Laïques aient jugé un Evêque dans
la cause de la foi? une adulation basse & rampan-
te peut-elle nous faire oublier le droit Sacerdotal?
& ce que Dieu nous a donné puis-je l'abandonner
à d'autres? si l'Evêque doit être enseigné par le
Laïque, que s'ensuivra-t-il? Que le Laïque dispute
donc, & que l'Evêque écoute, & qu'il apprenne

droits & l'autorité du Sacerdoce ; & qu'ils doivent trouver bon que l'Ordre Sacerdotal les maintienne con-

du Laïque. Mais certes, si nous consultons la suite des divines Ecritures ou les anciens temps, qui osera nier que dans la cause de la foi, dans la cause, dis-je, de la foi, les Evêques ont coutume de juger des Empereurs Chrétiens, & non pas les Empereurs des Evêques ? *S. Ambroise, Epît.* 21 à *l'Empereur Valentinien, le jeune, n.* 4, *tom.* 2, *p.* 860, *édit. des Bénédict.*

Il y a deux Puissances, auguste Empereur, par lesquelles ce monde est souverainement gouverné : l'autorité sacrée des Pontifes & la Puissance Royale...... Vous savez, mon fils très-clément, que quoique par votre dignité, vous commandiez au genre humain, cependant vous obéissez avec docilité aux Prélats qui ont le soin des choses divines. . . . . & que par l'ordre de la Religion, vous devez leur être soumis, plutôt que de leur commander, lorsqu'il s'agit de recevoir les célestes Sacrements & d'en régler comme il faut la dispensation. Vous savez que dans ces choses vous dépendez de leurs Jugements, bien loin d'être en droit de les obliger à souscrire à votre volonté ; car s'il est vrai, qu'en tout ce qui a rapport à l'ordre de la police publique, les Evêques, instruits que l'Empire vous a été donné d'en haut, obéissent eux-mêmes à vos loix...... Je vous supplie de considérer quelle doit être votre soumission pour ceux qui sont préposés à l'administration des saints & vénérables Mysteres. *Le Pape Gélase, Epît. huitieme à l'Empereur Anastase. Concile de Labbe, tom.* 4, *page* 1182.

C'est une chose nouvelle & inouie, que le Juge Séculier prononce sur une cause Ecclésiastique. *S. Martin de Tours, dans l'Hist. Sacrée de Sulpice Sévere, liv.* 2, *page* 449, *édit. de Georges Hornius.*

Les Empereurs n'ont pas le pouvoir de prescrire

tre toutes fortes d'entreprifes. Que
(g) Ibid. *(g) par-tout ailleurs la Puiſſance*
op. 11. *Royale donne la Loi & marche la*
premiere en Soûveraine ; dans les af-
faires Eccléfiaſtiques, elle ne fait
(h) Ibid. *que feconder & fervir. Que (h) dans*
les affaires, non-feulement de la Foi,
mais encore de la Difcipline Ecclé-
fiaſtique, à l'Eglife la décifion, au
Prince la protection, la défenfe,
l'exécution des Canons & des Re-

des loix à l'Eglife. Faites attention à ce que dit l'Apôtre. Jefus-Chrift a établi dans fon Eglife des Pafteurs & des Docteurs ; il n'ajoute pas des Empereurs..... Le même Apôtre dit encore : Souvenez-vous de vos Pafteurs qui vous ont annoncé la parole de Dieu : cette parole ne vous a pas été annoncée par les Rois ; mais par les Apôtres, les Prophetes, les Pafteurs & les Docteurs..... L'adminiftration de la République appartient aux Empereurs ; le gouvernement de l'Eglife aux Pafteurs & aux Docteurs ; une pareille ufurpation eft un brigandage, mes freres....... Nous vous obéirons, ô Empereurs, dans tout ce qui regarde les affaires du fiecle, dans le paiement des tributs & des impôts...... mais pour décider des affaires de l'Eglife, nous avons des Pafteurs qui nous annoncent la parole, & qui nous ont tranfmis les anciennes Regles de l'Eglife ; nous ne franchiffons point les bornes que nos Peres ont pofées..... car fi l'édifice de l'Eglife commence à être entamé dans les plus petites chofes, il fera bientôt entiérement démoli. *S. Jean Damafcene, Oraifon deuxieme, fur les Images, n. 12, tom. 1, page 335, édit. du Pere le Guien.*

gles Ecclésiastiques. Que (i) les Juges, & ceux qui ont en main l'autorité Royale, doivent être obéissants aux Evêques dans ce qui regarde les causes de Dieu & les intérêts de l'Eglise. Que dans ces (k) mêmes causes & dans ces mêmes intérêts, les Ordonnances de nos Rois laissent aux Evêques l'autorité toute entiere, & avec raison; puisqu'en cela l'ordre de Dieu, la grace attachée à leur caractere, l'Ecriture, * la Tradi-

(i) Serm. sur l'Unité de l'Eglise, prêché dans l'Assemblée de 1682, 2 part.

(k) Ibid.

---

* Amasias, votre Prêtre & votre Pontife, présidera dans les choses qui concernent le service de Dieu. Mais Zabadias, fils d'Ismaël, qui est le premier Magistrat dans la maison de Juda, aura la conduite de tout ce qui regarde le service du Roi. *2 Paralip.* 19, 11.

Et il (Zorobabel) bâtira un Temple au Seigneur, & il sera assis & dominera sur son Trône. & le Grand-Prêtre (Jesus, fils de Josédec) sera aussi sur son Trône, & il y aura entr'eux deux un conseil de Paix. *Zachar.* 6, 13.

Les levres du Prêtre conserveront le dépôt de la science, & l'on recevra de sa bouche l'interprétation de la Loi, parce qu'il est l'Ange du Seigneur des Armées. *Malach.* 2, 7.

On ne rappelle point ici les passages du Nouveau Testament qu'on a cités plus haut : tous ces Textes joints ensemble, & auxquels on pourroit en ajouter d'autres, prouvent avec quelle raison M. Bossuet allegue l'Ecriture en faveur des droits du Sacerdoce.

D 3

tion, les Canons & les Loix parlent pour eux. Que (*l*) c'est un excès-honteux & une politique criminelle, de permettre aux Princes (combien plus aux Magistrats) de déterminer de la Doctrine, & de prescrire les conditions sous lesquelles on donnera le Sacrement de notre Seigneur : en sorte que *les Pasteurs ne prêchent plus que ce que les Princes*, ou leurs Officiers, auront ordonné, & qu'ils distribuent la Cene à leur Mandement. Que rendre (*m*) la puissance des Pasteurs dépendante dans son exercice & dans ses fonctions de la Puissance temporelle, c'est sans difficulté la plus inouie & la plus scandaleuse flatterie qui soit jamais tombée dans l'esprit des hommes. (*n*) C'est une étrange nouveauté qui ouvre la porte à toutes les autres. C'est un (*o*) attentat qui fait gémir tout cœur chrétien. C'est (*p*) faire l'Eglise captive des Rois de la terre, la changer en corps politique, & rendre défectueux le céleste gouvernement insti-

(*l*) *Second avertissem.* n. 23.

(*m*) *Variations, liv.* 7, n. 44.

(*n*) Ibid. n. 73.

(*o*) Ibid. *liv.* 10, n. 15.

(*p*) Ibid. *liv.* 7, n. 68, 70.

tué par Jesus-Christ. C'est (q) met-
tre en pieces le Christianisme, &
préparer la voie à l'Antechrist.

En conséquence Nous protes-
tons, de la maniere la plus authentique, contre tous Arrêts, Jugements,
Sentences & Procédures des Tribunaux Séculiers sur des causes concernant la Doctrine & l'administration des Sacrements, comme nuls de
plein droit, & incompétemment
rendus, & généralement contre tout
ce qui a déja été attenté, ou pourroit l'être à l'avenir, par lesdits Tribunaux au préjudice de la Jurisdiction Ecclésiastique, & des droits im-
prescriptibles du Sacerdoce.

Déclarant au surplus, que la présente protestation est moins une voie
de droit ouverte par toutes les Loix
aux particuliers, & aux corps qui ré-
clament des prérogatives qu'on veut
leur enlever, qu'un avertissement à
tous les Fideles de respecter l'ordre
immuable de la Hiérarchie Ecclésiastique; & de considérer avec les yeux

D 4

de la foi, qu'ils ne font pas moins intéressés que nous-mêmes, au maintien salutaire de cet ordre divinement établi.

Qu'à l'égard des Magistrats que nous chérissons comme nos enfants dans l'ordre du salut, notre protestation est moins une défense, dont, après tout, nous n'avons pas besoin, vu la nature des droits dont il s'agit, qu'une exhortation pressante, dictée par la plus sincere & la plus tendre affection, de rentrer dans la voie que l'exemple de leurs peres & les Ordonnances * du Royaume leur ont

* Avons défendu & défendons à tous nos Sujets, de ne faire citer, ne convenir les Laiz pardevant les Juges d'Eglise, ès actions pures personnelles, sur peine de perdition de cause & d'amende arbitraire . . . . . sans préjudice toutefois de la Jurisdiction Ecclésiastique, ès matieres de Sácrements & autres pures spirituelles & Ecclésiastiques, dont ils pourront connoître contre lesdits purs Laiz, selon la forme de droit. *Ordonnance de François I, de 1539, art.* 1 *&* 4.
Voulons qu'où nos Officiers, fous prétexte de possessoire, complainte & nouvelletés, voudroient connoître directement ou indirectement d'aucunes causes spirituelles & concernant les Sacrements, Office, conduite & Discipline de l'Eglise, & entre Ecclésiastiques; les Ordonnances des Rois nos prédécesseurs, qu ont attribué à nosdits Officiers ce

tracée ; de ne pas expoſer au ſcandale des foibles, au mépris des impies, à

qui eſt de leur connoiſſance, & réglé auſſi la Juriſ-diction Eccléſiaſtique, ſoient obſervées & gar-dées, en ſorte que chacun ſe tienne en ſon devoir & dans les bornes de ce qui lui appartient, ſans entreprendre l'un ſur l'autre, ce que nous leur dé-fendons très-expreſſément. Enjoignons auſſi à nos Cours de Parlement de laiſſer à la Juriſdiction Ec-cléſiaſtique les cauſes qui ſont de leur connoiſſan-ce, même celles qui concernent les Sacrements, & autres cauſes ſpirituelles & purement Eccléſiaſ-tiques, ſans les attirer à eux, ſous prétexte de poſ-ſeſſoire, ou pour quelque autre occaſion que ce ſoit. *Edit de* 1610, *art.* 4.

Défendons à noſdites Cours & Juges de prendre aucune connoiſſance & juriſdiction des cauſes ſpi-rituelles, ni de celles qui concernent l'adminiſtra-tion des Sacrements, & autres qui appartiennent aux Juges Eccléſiaſtiques, ni d'entreprendre di-rectement ou indirectement ſur leur Juriſdiction, même ſous prétexte de complainte ou poſſeſſoire appliqué auxdites cauſes, conformément au qua-trieme art. de l'Edit fait en 1610. *Ordonnance de* 1629, *art.* 31.

Ordonnons..... que les Eccléſiaſtiques ſoient maintenus & gardés dans toutes les immunités, franchiſes, libertés, droits & prérogatives qui leur appartiennent.

Défendons à nos Cours de Parlements & à tous autres Juges, de prendre connoiſſance directe-ment ou indirectement d'aucunes cauſes ſpirituel-les & purement Eccléſiaſtiques, des Sacrements & Offices divins, de l'établiſſement des Curés, Vi-caires & autres Prêtres qui peuvent être néceſſai-res dans les Egliſes & Paroiſſes, ſous prétexte de poſſeſſoire, complainte, nouvelletés, & pour quelque cauſe & occaſion que ce ſoit, ni de trou-bler ou empêcher les Juges Eccléſiaſtiques en la Juriſdiction & connoiſſance des cauſes qui leur

une profanation manifeste, nos re-
doutables Mysteres, en les traitant

appartiennent de droit. Et pour les causes personnelles, l'Ordonnance de l'an 1539 sera exécutée.
Déclaration de 1666, art. 1 & 2.

La connoissance & le jugement de la Doctrine
concernant la Religion, appartiendra aux Archevêques & Evêques. Enjoignons à nos Cours de Parlement & à tous nos autres Juges de la renvoyer
auxdits Prélats, de leur donner l'aide dont ils auront besoin pour l'exécution des Censures qu'ils
en pourront faire, & de procéder à la punition des
coupables, sans préjudice à nosdites Cours & Juges de pourvoir par les autres voies qu'ils estime-
ront convenables, à la réparation du scandale,
& trouble de l'ordre & tranquillité publique, &
contravention aux Ordonnances, que la publica-
tion de ladite doctrine aura pu causer.

La connoissance des causes concernant les Sacrements, les Vœux de Religion, l'Office Divin, la
Discipline Ecclésiastique, & autres purement spirituelles, appartiendra aux Juges d'Eglise. Enjoignons à nos Officiers, & même à nos Cours de
Parlement, de leur en laisser, & même de leur en
renvoyer la connoissance, sans prendre aucune jurisdiction, ni connoissance des affaires de cette
nature, si ce n'est qu'il y eût eu appel comme d'abus
interjetté en nosdites Cours, de quelques Jugements, Ordonnances, ou Procédures faites sur ce
sujet par les Juges d'Eglise ; ou qu'il s'agît d'une
succession ou autres effets civils, à l'occasion des-
quels on traiteroit de l'état des personnes décédées,
ou de celui de leurs enfants. *Edit de 1695, art.* 30
& 34.

*Les dispositions de toutes ces Loix sont conformes
aux maximes avancées par les plus célebres Empereurs.*

Je le dis dans les termes de la plus exacte vérité ;

comme des biens temporels ; & de ne
pas chercher l'agrandiſſement chimé-

le Jugement des Evêques doit être regardé comme
ſi le Seigneur ſéant dans ſon Tribunal, jugeoit
lui-même en perſonne.... Ces hommes méchants
ſe préſentent devant les Tribunaux de la terre, &
ils abandonnent ceux du ciel........ Lorſque les
Païens interjettent un appel, ils invoquent une
plus grande autorité contre une moindre ; mais
ces hommes infideles à la Loi, préferent mon jugement à celui du ciel.

*Conſtantin le Grand parloit ainſi des Donatiſtes,
dans ſon Reſcrit aux Evêques Catholiques qui avoient
aſſiſté au Concile d'Arles.* Concil. de Labbe, tom. 1,
pag. 1431.

Il ne m'eſt pas permis à moi, qui ne ſuis que
Laïque, d'entrer dans l'examen & la connoiſſance
de pareilles matieres ; mais les Evêques qui en ont
le ſoin, peuvent s'aſſembler par-tout où ils vou-
dront. *Valentinien I, Sozom. liv. 6, c. 7.*

Nous envoyons à votre ſacré Synode le Comte
Candidien, mais à condition qu'il ne ſe mêle en
aucune maniere des queſtions & des controverſes
qui touchent les dogmes de la Foi ; car c'eſt un crime à quiconque n'eſt pas inſcrit au Catalogue des
ſaints Evêques, de s'ingérer dans la connoiſſance
des affaires & des cauſes Eccléſiaſtiques.

*Telle eſt l'Inſtruction & la Lettre de créance des
Empereurs Théodoſe le Jeune, & Valentinien III,
au Commiſſaire qui aſſiſta, en leur nom, au Concile
général d'Epheſe.* Conciles de Labbe, tome 3,
pag. 441, 442.

Les deux plus grands dons de la divine Bonté,
ſont le Sacerdoce & l'Empire ; l'un deſtiné au ſacré Miniſtere, l'autre préſidant aux choſes humai-

rique d'une autorité légitime & affez
refpectable par elle-même aux dépens

nes . . . . . tous les deux dérivés d'un feul & même
principe.

S'il eſt queſtion d'un délit Eccléſiaſtique qui mé-
rite des peines canoniques, que l'Evêque le juge
fans la participation de nos Magiſtrats : car nous
ne voulons pas que les Juges civils connoiſſent de
pareilles affaires, étant néceſſaire qu'elles ſoient
renvoyées aux Tribunaux Eccléſiaſtiques, & que
les coupables de pareils délits ſoient corrigés par
des peines canoniques, felon les faintes & divines
regles auxquelles nos loix ne dédaignent pas de fe
conformer.

*L'Empereur Juſtinien dans fa Conſtitution adreſſée
à Epiphane, Patriarche de Conſtantinople, Novelle 6, & dans fa Conſtitution adreſſée à Jean,
Préfet du Prétoire en Orient, Novelle 83.*

Il n'a point été donné aux Laïques & à ceux
qui ont des charges civiles, d'interpoſer leur jugement fur les cauſes Eccléſiaſtiques. C'eſt le par-
tage des Pontifes & des Prêtres. . . . . . Pour vous,
Laïques, foit que vous foyez conſtitués en dignité,
foit que vous foyez en une condition privée, que
puis-je vous dire, finon que vous ne pouvez, en
aucune maniere, traiter des cauſes Eccléſiaſtiques ?
cette recherche & cette difcuſſion eſt réfervée aux
Patriarches, aux Pontifes & aux Prêtres qui font pré-
poſés à la conduite des ames, qui ont le pouvoir de
fanctifier, de lier & de délier, qui ont les clefs de l'E-
gliſe & du ciel : elle ne nous appartient pas à nous
qui avons befoin d'être conduits dans les pâturages,
d'être fanctifiés, d'être liés ou déliés. Car quelle
que foit la Religion & la fageſſe d'un Laïque, fût-
il intérieurement doué d'une vertu parfaite, tandis
qu'il eſt Laïque, il ne ceſſera point d'être appellé
brebis. Au lieu qu'un Evêque, quelque peu refpectable, & quelque peu religieux qu'il foit en lui-

d'une Puissance sacrée qu'il est impossible aux hommes de détruire : se souvenant de cette parole de Jesus-Christ, que *(r) celui qui tombera sur cette pierre se brisera contr'elle, & qu'elle écrasera celui sur qui elle tombera.* (r) *Matth.* 21, 44.

même, fût-il dénué de toute vertu, tandis qu'il est Prélat & qu'il annonce légitimement la parole de vérité, ne souffre aucune diminution de son rang & de sa dignité de Pasteur. Quel prétexte pouvons-nous donc avoir, nous qui sommes de simples brebis, de disputer avec nos Pasteurs par des subtilités de paroles, & de rechercher & d'examiner ce qui est au-dessus de notre pottée ? Notre devoir est de recourir à eux avec respect & avec une foi sincere, parce qu'ils sont les Ministres du Dieu tout-puissant, & qu'ils en possedent le caractere, & au surplus, de nous borner à ce qui est de notre état.

Discours de l'Empereur Bazile dans l'action dixieme du huitieme Concile général. Conc. du Pere Hardouin, tom. 5, pag. 920, 921.

Nous ne pouvons croire, en aucune maniere, que ceux qui n'auront point de fidélité pour Dieu, & de soumission pour leurs Pasteurs, nous soient fideles à nous-mêmes. Nous ne comprenons point que, quand on leur désobéit dans les causes qui concernent la Religion & l'utilité de l'Eglise, on doive être obéissant à nous, à nos Ministres, à Lieutenants. C'est des Pasteurs qu'il est dit : Celui qui vous écoute m'écoute, & celui qui vous méprise me méprise ; & ailleurs : Celui qui vous touche, touche la prunelle de mon œil. *Edit de Charlemagne, Capitulaires de Baluze, tome premier,* pag. 330, 331, 332.

Qu'enfin par rapport à la postérité & à l'Eglise Universelle, à qui nous devons compte de nos démarches dans les circonstances critiques où nous nous trouvons; cette même protestation est moins un nouveau titre, ajouté à tous ceux qui parlent en notre faveur, qu'un monument ineffaçable de notre zele, pour transmettre à nos Successeurs dans toute son intégrité, le dépôt que nous avons reçu. *O (s) Timothée, gardez le dépôt, évitant les nouveautés profanes de paroles, & tout ce qu'oppose une fausse science, dont quelques-uns faisant profession, se sont égarés dans la foi.*

Et sera la présente Réclamation insérée dans le Procès-Verbal de cette Assemblée, & envoyée dans tous les Dioceses, afin que *nous (t) tenions tous le même langage* comme nous sommes tous dans les mêmes sentiments.

Fait à Paris au Couvent des Grands-Augustins, dans l'Assemblée-Générale du Clergé de France , le douze Juillet mil fept cent foixante.

† C. A. Archev. P. de Narbonne , Préſident.
† J. François Archevêque d'Auch.
† L. Archevêque de Bordeaux.
† Dominique , Archevêque de Rouen.
† H. M. B. Archevêque de Tours.
† Léop. Ch. Archevêque d'Albi.
† J. Evêque , P. de Grenoble.
† J. M. Évêque d'Auxerre.
† Jean-Georges Evêque du Puy.
† Fr. Joſ. Evêque de Boulogne.
† P. A. B. Evêque de Chartres.
† Jacq. Evêque de Lombez.
† P. A. Evêque-Comte de Gap.
† Cl. M. A. Evêque de Dijon.
† Gab. Fr. Evêque de Vence.
† A. Evêque de Toulon.

L'Abbé Le Gros , Député de Narbonne.
L'Abbé De Glandevés.
L'Abbé De Cicé.
L'Abbé Guyonnet de Monbalen.
L'Abbé De Marbeuf.
L'Abbé De Grimaldi.
L'Abbé Demeric de Montgazin.
L'Abbé De Jons.
L'Abbé De Gauville.
L'Abbé Le Corgne de Launay.
L'Abbé De la Prunarede.
L'Abbé De la Tour.
L'Abbé De Breves , Député d'Aix.
L'Abbé De Grave.
L'Abbé De Chapt de Raſtignac.
L'Abbé Bally.
L'Abbé De Crillon , *Promoteur.*
L'Abbé De Broglie , *Agent.*
L'Abbé De Juigné , *Agent.*
L'Abbé De Jumilhac , *nommé à l'Evêché de Lectoure , Secrétaire de la préſente Aſſemblée.*

DÉCLARATION

FAITE

PAR L'ASSEMBLÉE-GÉNÉRALE

DU

CLERGÉ DE FRANCE,

TENUE

EN MIL SEPT CENT SOIXANTE-DEUX,

A laquelle adhere également l'Assemblée-Générale de mil sept cent soixante-cinq.

NOus Archevêques, Evêques & autres Ecclésiastiques, Députés à l'Assemblée-Générale du Clergé de France qui se tient actuellement à Paris.

Vu les Procès - verbaux des trois dernieres Assemblées, les Remontrances qu'elles ont présentées au Roi, & notamment la Réclamation du 12 Juillet 1760, faite par l'Assemblée-Générale de ladite année.

Vû auſſi les très-humbles & très-
reſpectueuſes Remontrances que
l'Aſſemblée, qui ſe tient actuellement à Paris, a préſentées à Sa Ma-
jeſté, les 17 & 24 de ce mois.

Nous avons déclaré & déclarons
perſiſter dans les ſuſdites Remontrances ; Nous adhérons à la Réclamation de 1760 ; & la renouvellant
en tant que de beſoin eſt, Nous pro-
teſtons contre toutes les entrepriſes
des Tribunaux Séculiers, tant anté-
rieures que poſtérieures à ladite Réclamation, & notamment contre
toutes celles qui ont été l'objet de
nos Remontrances.

Et ſera la préſente Déclaration,
inſérée dans le Procès-verbal de cette Aſſemblée, pour y ſervir, avec
la Réclamation de 1760, d'un monument ineffaçable de l'unanimité de
nos ſentiments & de notre attention
à tranſmettre à nos Succeſſeurs,
dans toute ſon intégrité, le dépôt ſacré que nous avons reçu.

† Charles-Antoine Archevêque-Primat de Narbonne, Président.
† J. Joseph Archevêque d'Arles.
† Arthur-Richard Archevêque de Toulouse.
† J. Fr. Evêque de Noyon.
† Jean-Jos. Evêque de Saint-Malo.
† L. F. Evêque de Séez.
† Gasp. Alex. Evêque-Comte de Die.
† François Evêque d'Oléron.
† François-Marie Evêque de Clermont.
† Charles Evêque & Comte de Rodez.
† J. L. Evêque de Meaux.
† L. H. F. Evêque de Riez.
† Franç. Evêque de Grasse.
† N. Evêque d'Autun.
† E. C. Evêque de Condom.
† C. M. J. Evêque de Troyes.

L'Abbé Valory.
L'Abbé Freslon de la Freslonicre.
L'Abbé De Linars, Comte de Lyon.
L'Abbé De Goyon.
L'Abbé De Duglas.
L'Abbé De Noé.
L'Abbé De Narbonne-Lara.
L'Abbé De Boisse.
L'Abbé De Saint-Marsault.
L'Abbé De Peinier.
L'Abbé De Siougeat.
L'Abbé De Saint-Simon.
L'Abbé de Chabans, Comte de Lyon.
L'Abbé De Teintot.
L'Abbé De Lordat.
L'Abbé De Moriés.
L'Abbé De Juigné, *Agent & Promoteur.*
L'Abbé De Broglie, *Agent & Secrétaire.*

A Paris, le 27 Août 1765.

MONSIEUR,

Nous n'avons pu voir, fans être pénétrés de la plus vive douleur, les décifions de l'Eglife outragées, les droits du Sacerdoce ufurpés & méconnus, les fondements de la Foi Chrétienne ébranlés de toutes parts; témoins de tant de maux, nous avons cru, comme le marquoit le faint Evêque Flavien au Souverain Pontife faint Léon, que nous ne devions pas *les méprifer, mais faire entendre notre voix, & manifefter notre Doctrine pour prévenir les Peuples contre les pieges de l'irréligion & de l'erreur, & conferver, fans al-*

tération, le dépôt qui nous a été con-
fié. (1)

C'eſt par ces raiſons que nous avons dreſſé & fait imprimer les *Actes* que nous vous envoyons ; & ſi nous nous flattons d'être entrés, par cette démarche, dans les vues des différentes Aſſemblées Provinciales, nous eſpérons en même-temps que vous entrerez dans celles de cette Aſſemblée, en rendant ces mêmes *Actes* publics dans votre Diocéſe.

Nous ſommes intimement perſuadés, Monſieur, que nous n'avons beſoin de vous préſenter aucun motif pour exciter votre zele. Nous pouvons cependant vous dire, comme l'écrivoit St. Athanaſe à ſes Collegues dans l'Epiſcopat, que les maux

(1) *Propterea omnia facienda à nobis ſunt, & laborandum pro vera fide & expoſitionibus dogmatibuſque ſanctorum Patrum : qua tenus per omnia & inter omnes concuſſiones rerum, integra hæc & inviolata ſerventur & cuſtodiantur. Neceſſarium itaque fuit nunc & jam videntes lædi orthodoxam fidem . . . . . . Non hoc deſpicere, ſed in aporto hoc pro cautela populi revelare.* Sanctus Flavianus ad ſanctam Leonem, Sort. Epiſt. 21, ſancti Leonis, T. 1, editione in-4°. 1675.

dont nous avons à nous plaindre, *intéressent toute l'Eglise, & que si chacun ne vient au secours de ceux qui sont attaqués, comme s'il l'étoit lui-même, il est à craindre que les Canons Ecclésiastiques & la Foi Chrétienne ne soient renversés.* (1)

Nous attendons de vous, Monsieur, que vous confirmerez, par votre suffrage, l'unanimité complette qui a dicté les *Actes* de cette Assemblée. Ce concert de tous les Evêques de France fera la joie de l'Eglise & la consolation des Peuples, & pour nous servir des expressions des Peres du premier Concile de Constantinople, dans leurs Lettres aux Evêques qui étoient assemblés à Rome: *La Foi étant ainsi affermie, & les liens de la charité resserrés par notre commun consentement; nous pourrons, avec la grace de Dieu, conser-*

(1) *Conciliemini igitur & vos obsecro, quasi non nos tantum, sed & vos iujuriâ affecti essetis: & quisque, quasi ipse læsus opem ferat, ne Ecclesiastici Canones & Ecclesiæ fides peßum eant.* Sancti Ath. Epist. Encyclica, T. 1, ultima edit. p. 111.

*ver en entier le Corps de l'Eglise,
& paroître un jour, avec confiance,
au Tribunal du Seigneur.* (1)

Nous sommes,

MONSIEUR,

Vos très-humbles & très-affectionnés
serviteurs & Confreres, les Archevêques, Evêques & autres Ecclésiastiques députés à l'Assemblée-
Générale du Clergé de France,

✠ **Ch. Ant. Arch. Duc de
Rheims,** *Président.*

Par Nosseigneurs de l'Assemblée.

L'Abbé de Bausset, *ancien Agent &
Secrétaire.*
L'Abbé de Lestocq, *Secrétaire.*

______

(1) *Fide ad hunc modum communi sensu stabilitâ
& caritate christianâ in nobis confirmatâ. . . . . .
Corpus Ecclesia, Dei largiente gratiâ, integrum
conservabimus & ad Tribunal Domini fidenti animo
sistemus.* Conc. Lab. T. 2, p. 965.